Pumpernickel

Brot, wie es im Buche steht

Ein Kochbuch

SCHNELL Buch & Druck
Warendorfer Lieblingsbücher

Impressum

Pumpernickel
Brot, wie es im Buche steht
Ein Kochbuch

Rezepte: Elisabeth Schulte Huxel, Werner Bockholt
Schrift: Andrea Hupe
Grafische Gestaltung: Bernadette Kircher
Dritte Auflage 2007

Oststraße 24, 48231 Warendorf
E-Mail: schnell-verlag@t-online.de
www.verlag-schnell.de
ISBN: 978-3-87716-808-0

Herstellung:
Burlage Druck + Einband
Schlosserstraße 1
48231 Warendorf-Freckenhorst

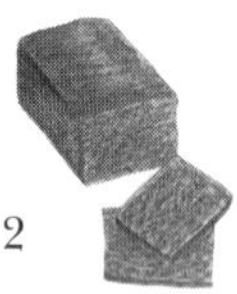

Inhaltsverzeichnis

Einleitung 5

Selbstgemachter Pumpernickel 17
Vorspeisen mit Pumpernickel 23
Suppen mit Pumpernickel 33
Fleischspeisen mit Pumpernickel 43
Wild- und Geflügelgerichte mit Pumpernickel 65
Fischgerichte mit Pumpernickel 75
Beilagen mit Pumpernickel 81
Salate mit Pumpernickel 97
Eier- und Mehlspeisen mit Pumpernickel 109
Nachspeisen mit Pumpernickel 117
Kleine Imbisse mit Pumpernickel 145
Kuchen, Torten und Gebäck mit Pumpernickel 151
Westfälische Spezialitäten mit Pumpernickel 173

Rezeptregister 191

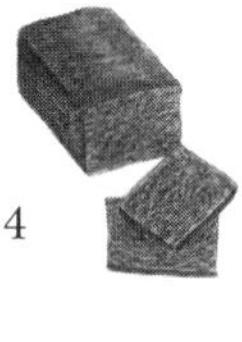

Pumpernickel

Eine Einleitung

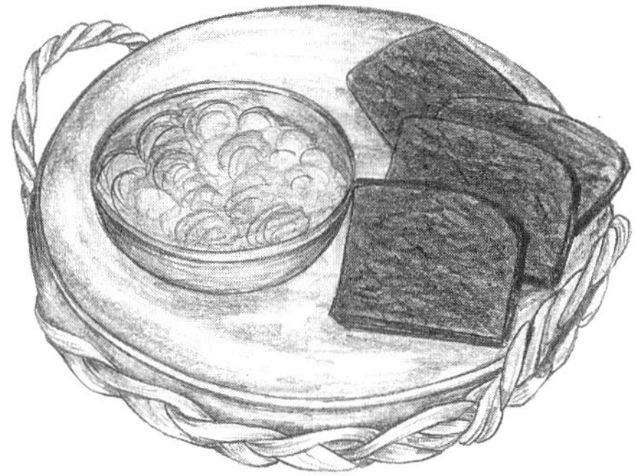

Der Beitrag, den Westfalen zur deutschen Küche leistet, besteht nicht nur aus dem bekannten Schinken und anderen herzhaften Wurst- und Fleischprodukten, die auf die traditionelle Schweinehaltung zurückzuführen sind, sondern auch ein Brot ist weit über die Grenzen des Landes hinaus bekannt. Das Brot der Westfalen ist das Schwarzbrot, ein Roggenschrotbrot, das als „Pumpernickel" bezeichnet wird.

Bis ins 20. Jahrhundert hinein war in Westfalen der Pumpernickel die Alltagsspeise vor allem der ländlichen Bevölkerung, auch heute noch kommt in vielen Familien das Schwarzbrot täglich auf den Tisch; es entwickelt sich nunmehr aber zunehmend zu einer westfälischen Spezialität, die in der Küche wieder an Bedeutung gewinnt und die auch kulinarisch von großem Interesse ist.

Bereits im Jahr 1775 wird in einer Enzyklopädie von Johann Georg Krünitz auf die Bedeutung des Pumpernickels hingewiesen:

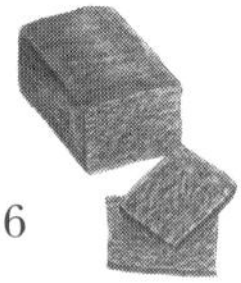

„Bombernickel, Bumpernickel, Pompernickel, Fr. Bonprenicle, Bonpur-Nicol, heißt das gemeine westphälische Hausbrod, welches als etwas besonderes an viele fremde Orte verführet wird; und ist nichts anderes, als ein aus zweimal geschrotetem und nicht gesichtetem Roggen, (welches folglich seine Kleie bei sich behält) gebackenes grobes und schwarzes Brod, in großen lang-viereckigen Laiben, mit einer harten Rinde und derben Krüme, aber von einer angenehmen Säure, die dem Magen wohl bekommt, wenn es mäßig, und bloß zum Nachtisch, fett mit Butter geschmiert, genossen wird."

Auch im Brockhaus-Lexikon aus dem Jahr 1903 wird der Pumpernickel als westfälische Brotspezialität erwähnt:

„(...) ein in Westfalen, besonders im Münsterschen und Osnabrückschen, aus geschrotetem Korn des Roggens unter Zusatz von Sauerteig bereitetes grobes schwarzes Brot in großen, meist viereckigen Laiben, woron ein einziger bis 30 kg wiegt. Es gehört dazu eine eigentümliche Behandlung des Teiges und des Feuers,

da das Gebäck 12-14 Stunden im Backofen stehen muß. In neuerer Zeit kommt Pumpernickel vielfach in den Handel. Unter den zahlreichen Etymologien für dieses Wort ist die wahrscheinlichste die, nach der es von einer Bezeichnung dieses Brotes seitens der Stadt Osnabrück abgeleitet wird, die bei einer Hungersnot um 1400 für die städtischen Armen Brot backen ließ und dieses bona panicula nannte, woraus im Volksmund korrumpiert das Wort Pumpernickel entstand; der Turm, in dem der betreffende Magistratsofen lag, wird noch jetzt Pernickel genannt."

Beim Pumpernickel fällt zunächst der eigenwillige Name auf. Immer wieder hat es Erklärungsversuche gegeben, zahlreiche Dönekes, Legenden und Sagen wurden erfunden, um den Namen zu erklären. Dabei kommt der Name nicht aus dem Westfälischen, sondern aus dem oberdeutschen Sprachraum. Hierbei konnte er unterschiedliche Bedeutungen haben.
Aber auch in anderen Landschaften ist der Begriff „Pumpernickel" nicht unbekannt.

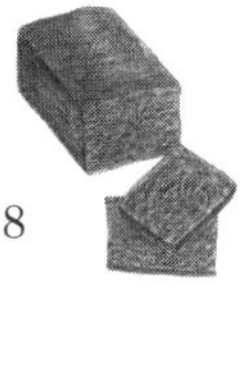

In Thüringen und Sachsen wird darunter ein Dauergebäck verstanden, in Wien handelt es sich um einen Lebkuchen mit Mandeln. Bemerkenswert ist, dass der Begriff in Westfalen kaum verbreitet war und ist, in Westfalen selbst spricht man von Schwarzbrot, „Schwartbraud" oder „Swattbraut".
Dieses hängt damit zusammen, dass das ursprüngliche Brot in Westfalen das Schwarzbrot war und erst, als das Weißbrot, der sogenannte Stuten, in Mode kam, sich die Bezeichnung Schwarzbrot durchsetzte.

Der Pumpernickel ist bereits ein sehr altbekanntes Brot.
Die erste schriftliche Erwähnung stammt aus der Mitte des 15. Jahrhunderts. Der italienische Humanist Silvio de Piccolomini schrieb über Westfalen, dass es sich um eine „kalte Gegend mit knappen Kornvorräten, schwarzem Brot und Bier" handele.
Das Brot hingegen ist weitaus älter. Bereits seit 500 v. Chr. wurde Roggen als zentraler Bestandteil für Brote verwendet.

Das Verbreitungsgebiet des Pumpernickels ist

nicht identisch mit dem Raum des heutigen Westfalens. Während im Sauerland, im Sieger- und Wittgensteiner Land, aber auch in Lippe das Schwarzbrot mit dem eigenwilligen Namen ziemlich unbekannt ist, ist Nordwestfalen mit dem Hellweg und dem Paderborner Land, dem Münsterland, Ravensberger Land und Mindener Land die Heimat des Pumpernickels. Aber auch das südliche Niedersachsen (Emsland, Osnabrücker Land, Oldenburger Münsterland) gehört zum Verbreitungsgebiet des Pumpernickels.
Ein Zusammenhang besteht bei der räumlichen Verbreitung zu den naturgeographischen Verhältnissen und damit zur Bodennutzung. Wo traditionell Getreide, insbesondere Roggen angebaut wurde, besonders das sandige Münsterland war für den Roggenbau prädestiniert, gab es auch den Pumpernickel.

Die Herstellung des Pumpernickels ist dadurch gekennzeichnet, dass es zwar bestimmte Grundbedingungen gibt, aber kein einheitliches Rezept. Das führt zu unterschiedlichen geschmacklichen und auch farblichen und formalen Ausbildungen.

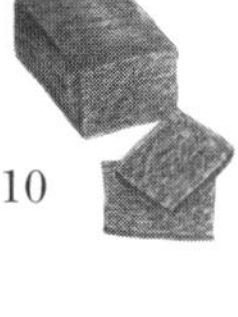

In der Regel wird am Vortag ein aus Roggenmehl hergestellter Sauerteig produziert. Das Roggenschrot darf nicht zu fein sein. Eine Aussäuerung erfolgt durch heißes Wasser. Am Backtag wird weiteres Roggenschrot zugegeben. Ferner Wasser und Salz. Oft wird auch Melasse oder Malz hinzugefügt. Den etwas leicht süßlichen Geschmack und die charakteristische schwarze Farbe wird auch durch die Zugabe von Zuckerrübenkraut erzielt.

Der schwierigste Teil der Arbeit war zumindest früher das Kneten des Teigs.

Aus dem Teig werden längliche kastenartige Brote geformt, die ein Gewicht von je etwa 10-20 kg haben.

Typisch ist der Backvorgang beim Pumpernickel. Zunächst wird bei 150°C gebacken, dann wird die Temperatur auf 110°C abgesenkt. Die Backzeit dauert etwa 24 Stunden.

Wegen der relativ geringen Temperatur beim Backen erfolgt keine oder nur eine geringe Krustenbildung.

Die schwarze Farbe des Pumpernickels entsteht durch das lange Garen im eigenen Dunst. Mehlstärke wird in Zucker umge-

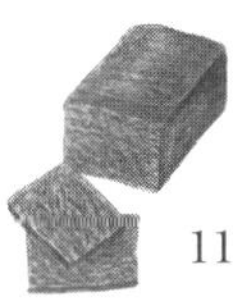

wandelt, und es erfolgt eine Karamellisierung. Während des Backprozesses bleibt der Backofen geschlossen.

Wichtig im Hinblick auf den gesundheitlichen Wert und die Verwendung des Pumpernickels in der Küche sind die Inhaltsstoffe: zentraler Bestandteil ist Roggen. Dabei wird das Getreide nicht gemahlen, sondern nur geschrotet. Daher bleiben die Wirkstoffe des Getreides erhalten: Eiweiß, Mineralien, Vitamine, Öle.

Früher war der Pumpernickel sehr umstritten. Die Ursache für die häufige Ablehnung lag in der schlechten Qualität des Produkts. Die bekannteste Negativkritik stammt von Joest Lips aus dem späten 16. Jahrhundert:
„Und sogar das Brot, wirklich mein Henricius, wenn du die Farbe, das Gewicht und die ganze Form gesehen hättest. Ich versichere dir, du hättest abgeschworen, daß es Brot sei. Schwarz ist es, schwer, sauer und zu Klumpen von vier bis fünf Fuß Länge geformt, die ich nicht hätte aufheben

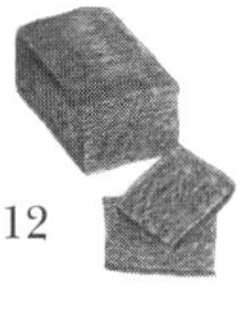

können. Mir fällt dabei Plinius ein, der über dies oder ein benachbartes Volk schrieb: erbärmlich das Volk, das seine Erde verwüstet. Ich meine eher, erbärmlich das Volk, das Erde ißt."

Heute ist der Pumpernickel von bester Qualität und mehr als ein alltägliches Nahrungsmittel für die Westfalen. Er ist eine regionale Spezialität, die in Scheiben geschnitten verkauft wird in 250g oder 500g Packungen. Diese sind in der Regel rechteckig, es gibt aber auch runden Pumpernickel, der besonders für kalte Buffets geeignet ist.

Pumpernickel wird auch in Dosen angeboten. Dieser ist länger haltbar und wird auch vielfach außerhalb Westfalens zum Kauf angeboten.

Das Schwarzbrot der Westfalen läßt sich vielfältig in der Küche einsetzen, nicht nur als „Begleitmusik" zu westfälischen Spezialitäten, viele Gerichte lassen sich mit Pumpernickel geschmacklich verfeinern und abrunden: Salate und Vorspeisen, Suppen, Fleisch- und Wildgerichte. Besonders zum Backen (Kuchen und Gebäck) ist er gut geeignet, aber auch für viele Nachtische stellt

er eine Krönung dar.

Schon im 19. Jahrhundert war bekannt, dass sich der Pumpernickel ideal in der Küche einsetzen ließ. Er stellte eine wichtige Kombination mit Weißbrot, Schinken, Käse, Leberwurst, Mettwurst und Butter dar. Schwartzbrotsuppen gab es nicht nur in Westfalen, sondern waren im ganz Norddeutschland verbreitet. Schwartzbrottorten wurden bereits von „der" westfälischen Köchin Henriette Davidis im frühen 19. Jahrhundert propagiert, verfeinert mit Schokolade und Mandeln, auch Schwartzbrotpudding und Pumpernickeleis waren schon bekannt.
Im 19. Jahrhundert erfolgte eine Verbreitung des Pumpernickels, vor allem durch Kochbücher bedingt, über Westfalen hinaus. Die Wandlung vom Alltagsbrot zu einer kulinarischen Spezialität war eine logische Konsequenz.

Die Verwendungsmöglichkeiten des Pumpernickels in der Küche beziehen sich nicht nur auf westfälische Gerichte wie Schinken, Quarkspeisen, westfälische kalte Buffets. Pumpernickel nur wie Brot zu behandeln,

hieße, die Möglichkeiten dieses Brotes nicht auszuschöpfen.
Ob kalte oder warme Küche, ob als Zugabe zu Cremesuppen, ob als Verfeinerung von Bratsoßen, ob als Brotkruste bei einem herzhaften Bratenstück, nicht nur westfälische Spezialitäten „schreien" nach Pumpernickel. Auch die kreative feinere Küche mit regionalem Charakter entdeckt immer mehr den Pumpernickel als vielfältig einsetzbares Nahrungsmittel.

Das vorliegende Pumpernickel-Kochbuch enthält über 100 Rezepte, die es erlauben, die vielen Möglichkeiten, die man mit dem Pumpernickel in der Küche hat, kennenzulernen. Die Rezepte dienen einerseits der Inspiration und sollen dazu beitragen, den Pumpernickel kreativ in der Küche einzusetzen. Pumpernickel eignet sich nicht nur als Brotscheibe, die mit Butter und Belag eingesetzt werden kann, sondern die Palette der Möglichkeiten ist vielfältig, wie die Rezepte dieses Buches verdeutlichen sollen.
Die abgedruckten Rezepte sind in der Regel für vier Personen konzipiert.

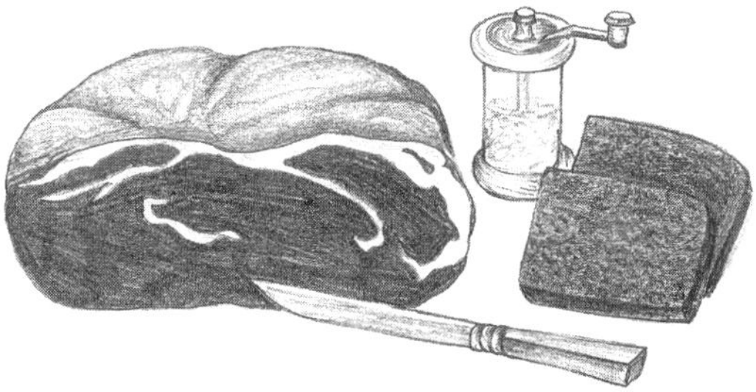

Selbstgemachter Pumpernickel

Buttermilch-Pumpernickel-Brot

500g Roggen (geschrotet)
500g Weizen (geschrotet)
500g Weizenmehl
1 Tl Salz
0,3 l Buttermilch
4 El Rübenkraut
0,5 l Buttermilch
1 P. Hefe
Schmalz zum Einfetten
Paniermehl

Den geschroteten Roggen in Wasser etwa eine halbe Stunde einweichen.
Dann den Roggenschrot und den Weizenschrot verkneten. Mehl und Salz zugeben.
Die Buttermilch in einem Topf erhitzen und darin das Rübenkraut auflösen. Unter den Teig geben.
Die Buttermilch erwärmen, Hefe zugeben und in den Teig einarbeiten.
Teig etwa 30 Minuten gehen lassen.
Die Backform(en) mit Schmalz einfetten und mit Paniermehl bestreuen.
Den Teig nochmals durchkneten, in die

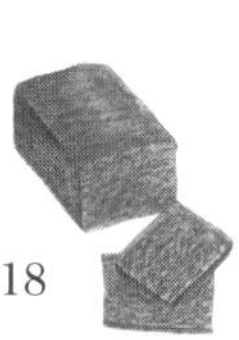

Backformen drücken und wiederum etwa 45 Minuten gehen lassen.
Das Brot bei 140°C etwa 3 Stunden backen.
Nach einer Stunde das Brot mit Alufolie abdecken.
Das Brot aus der Form nehmen, in Alufolie wickeln und langsam abkühlen lassen.

Buttermilch-Pumpernickel mit Ahornsirup

1 l Buttermilch
2 P. Hefe
500 g Weizenmehl (Vollkorn)
500 g Roggenschrot
500 g Weizenschrot
2 Tl. Salz
100 g Ahornsirup
Fett zum Einfetten

In eine große Rührschüssel die kalte Buttermilch geben. Darin die Hefe bröckeln und auflösen. Danach das Mehl hineingeben. Salz und Ahornsirup zugeben und einen Teig herstellen.
Diesen in eine große gefettete Kastenform geben. Im vorgeheizten Backofen bei 150 °C etwa 3 Stunden backen. Nach etwa 1 Stunde Backzeit das Brot mit Alufolie abdecken.

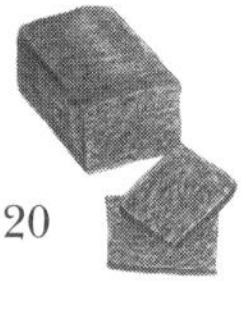

Pumpernickel (selbstgemacht)

1000g Roggen (geschrotet)
400g Sauerteig
etwas Salz
1/2 l Wasser
100g Rübenkraut
Mehl zum Bestäuben

Aus dem Roggen und dem Sauerteig unter Zugabe von Salz, Wasser und Rübenkraut einen Teig kneten. Mit Mehl den festen Teig bestäuben und zugedeckt etwa 3 Stunden gehen lassen.
Nochmals den Teig durchkneten, in eine längliche Form bringen, wieder 20 Minuten gehen lassen. Den Teig in eine gefettete und mit Mehl bestäubte Form geben, mit Alufolie verschließen und etwa 10 Stunden bei 125°C backen.
Das Brot aus der Form nehmen, in Alufolie einwickeln und langsam auskühlen lassen.

Vorspeisen mit Pumpernickel

Blätterteig-Pasteten mit Pumpernickel-Hähnchenbrust-Rieslingsahne

4 Hähnchenbrustfilets
50g Butter
1/5 l Weißwein (Riesling)
Salz und Pfeffer
1/4 l Sahne
4 Blätterteig-Pasteten
2 Scheiben Pumpernickel (gerieben)
Schnittlauch

Die Hähnchenbrustfilets in Streifen schneiden; in einem Topf Butter auslassen, darin das Fleisch rundum goldbraun braten. Mit Wein ablöschen und kurz kochen lassen. Mit Salz und Pfeffer würzen. Sahne zugeben und einkochen lassen.

Die Blätterteig-Pasteten im Backofen erwärmen, auf Teller geben, mit dem Geflügel und der Soße füllen.
Den geriebenen Pumpernickel darüber streuen.
Mit Schnittlauchröllchen garnieren.

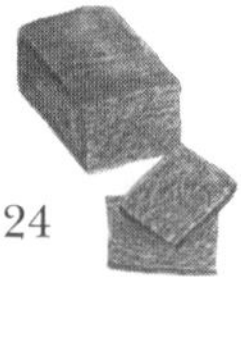

Spargelröllchen mit Pumpernickel-Mayonnaise

8 Scheiben gekochter Hinterschinken
8 El Mayonnaise
2 Scheiben Pumpernickel
Petersilie
750g Spargelstangen (gekocht und abgetropft)

Den gekochten Schinken mit der Mayonnaise bestreichen. Den geriebenen Pumpernickel darübergeben und mit der gehackten Petersilie bestreuen.
Die gekochten Spargelstangen hineinlegen und zusammenrollen.

Honigmelone auf Pumpernickel

1 Honigmelone
4 Scheiben Pumpernickel
Butter
250g Parmaschinken

Die Pumpernickelscheiben mit Butter bestreichen und jeweils auf einen Teller legen. Mit Parmaschinken großflächig belegen.
Honigmelone zerteilen, entkernen, eventuell die Schale entfernen. Die Melonensegmente auf die Brote legen.

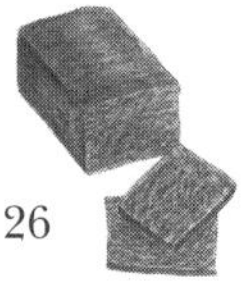

Herzhaft gefüllte Pumpernickeltomaten

4 große Fleischtomaten
1 Becher Crème fraîche
100 g gekochter Schinken
(in Stückchen)
4 Walnüsse
1/2 Scheibe Pumpernickel
1 Apfel (entkernt und in
Stückchen geschnitten)
2 El Milch
Salz, Pfeffer

Die Tomaten waschen, den Deckel abschneiden und die Frucht aushöhlen.
Aus Crème fraîche, gekochtem Schinken in Stückchen, kleingehackten Walnüssen, geriebenem Pumpernickel, Apfelstückchen, Milch, Salz, Pfeffer eine Masse herstellen. Diese in die Tomaten füllen.
Den Deckel wieder aufsetzen.

Tomaten mit Mozzarella auf Pumpernickel

4 Pumpernickelscheiben
Kräuterbutter
250g Mozzarella
4 Fleischtomaten
Salz und Pfeffer aus der Mühle
Olivenöl
Balsamicoessig
Basilikumblätter

Die Pumpernickelscheiben mit Kräuterbutter bestreichen und vierteln.
Den Mozzarella in dünne Streifen schneiden.
Die Tomaten waschen, in dünne Scheiben schneiden und auf die Pumpernickelscheiben legen. Darauf den Mozzarella.
Mit Salz und Pfeffer würzen, mit Olivenöl und Balsamicoessig beträufeln.
Mit Basilikumblättern garnieren.

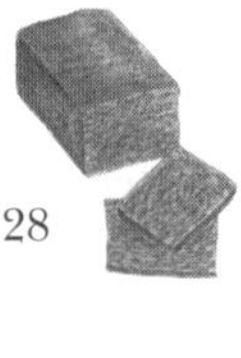

Gefüllte Tomaten mit Mozzarella - Pumpernickel

4 große Fleischtomaten
Salz, Pfeffer
1 Scheibe Pumpernickel (zerbröselt)
125 g Mozzarella
3 Scheiben gekochten Schinken
1 Zwiebel (geschält und kleingehackt)
Salz, Pfeffer
4 El Olivenöl
1 Tl Balsamessig
2 TL Basilikumblätter (kleingehackt)

Die Tomaten abwaschen, abtrocknen, Deckel abschneiden und das Kerngehäuse entfernen. Mit Salz und Pfeffer würzen.
Die Pumpernickelbrösel, den kleingeschnittenen Mozzarella, den gekochten Schinken und die Zwiebel vermischen. Mit Salz, Pfeffer, Öl und Balsamessig würzen.
Die Basilikumblätter zugeben.
Die Masse in die Fleischtomaten füllen, mit Deckel verschließen.

Lachstartar auf Pumpernickel

400g Lachsfilet
2 Zwiebeln
2 El Öl
Saft einer halben Zitrone
Salz und Pfeffer aus der Mühle
4 Pumpernickelscheiben
Butter
Salatblätter
Dill

Das Lachsfilet in dünne Scheiben schneiden und würfeln.
Die Zwiebeln schälen, in kleine Würfel schneiden und zu dem Lachs geben.
Öl, Zitronensaft, Salz und Pfeffer zu der Masse geben. Verrühren.
Die Pumpernickelscheiben mit Butter bestreichen, mit Salatblättern garnieren und darauf das Lachstartar geben.
Mit Dill bestreuen.

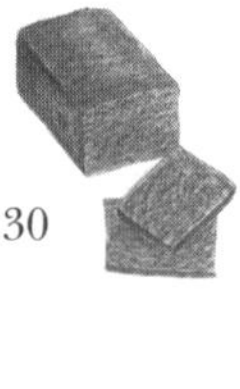

Obatzter auf Pumpernickel

125 g Camembert
50 g Butter
1 Zwiebel
4 El Sauerrahm
1 Tl Rosenpaprika
Pfeffer

Den Camembert in eine Schüssel geben, mit einer Gabel zerdrücken. Die warme Butter zugeben und verrühren.
Eine Zwiebel schälen, kleinhacken und zugeben. Den Sauerrahm zugeben und verrühren.
Mit Rosenpaprika, Salz und Pfeffer würzen.
Auf den Pumpernickelscheiben anrichten.

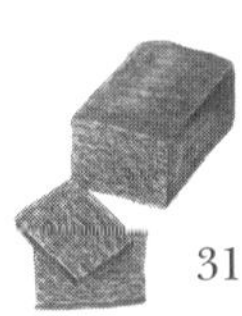

Pumpernickel-Tsatsiki

500 g Joghurt
1 Salatgurke
3 Knoblauchzehen
Salz, Pfeffer
2 Scheiben Pumpernickel

Den Joghurt in ein Haarsieb geben und gut abtropfen lassen.
Die Gurke schälen und mit einer Reibe grob raspeln. Das entstehende Wasser abgießen.
Joghurt und Gurkenraspeln vermischen.
Den Knoblauch durchpressen und zugeben. Mit Salz und Pfeffer abschmecken.
Den geriebenen Pumpernickel darüberstreuen.

dazu: Bauernstuten oder Baguette

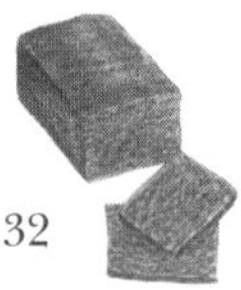

Suppen mit Pumpernickel

Bierkaltschale mit Pumpernickel

1 l Altbier
2 Scheiben geriebener Pumpernickel
50g gewaschene Rosinen
1 Zitrone, ungespritzt
Zucker
Zimt

Zu dem Bier werden der Pumpernickel und die Rosinen gegeben. Die Zitrone in Scheiben schneiden und in die Kaltschale geben. In der Tiefkühltruhe kurz kalt stellen. Vor dem Servieren die Zitronenscheiben herausnehmen und mit Zucker und etwas Zimt abschmecken.

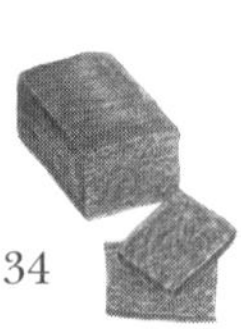

Ländliche Buttermilchsuppe mit Pumpernickel

50 g Rosinen
50 g Trockenpflaumen
2 Scheiben Pumpernickel
2 Zwiebäcke
1 l Buttermilch
Salz, Zucker
2 El Speisestärke

Die Rosinen waschen und mit den Trockenpflaumen in Wasser einweichen.
Pumpernickel und Zwieback reiben und mit den eingeweichten Trockenfrüchten vermischen.
Buttermilch aufkochen. Die Masse zugeben. Mit Salz und Zucker würzen und mit Speisestärke andicken.

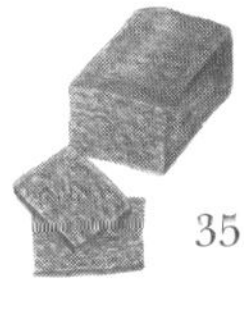

Kartoffelsuppe mit Pumpernickel

1 Stange Porree
100 g Räucherspeck in Stückchen
2 Möhren
1/2 Sellerie
1 Petersilienwurzel
500 g Kartoffeln
1 l Gemüsebrühe
50 g fetter Speck
2 Zwiebeln
2 Scheiben Pumpernickel
Salz, Pfeffer
3 El Crème fraîche

Den Porree putzen, in Ringe schneiden und in ausgelassenem Räucherspeck in einem Topf andünsten.
Die in Stücke geschnittenen Möhren, die Selleriestückchen, Petersilienwurzelstücke zugeben. Mitdünsten.
Die geschälten und in Stücke geschnittenen Kartoffeln dazugeben. Mit Gemüsebrühe auffüllen und 20 Minuten kochen lassen.
In einem Topf Speck auslassen, Zwiebel-

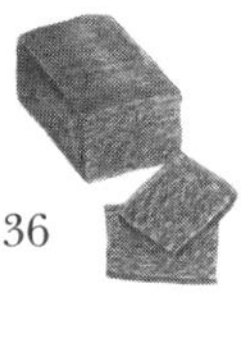

würfel darin dünsten. Zur Suppe geben.
Den zerbröselten Pumpernickel in die Suppe geben.
Suppe pürieren und mit Salz und Pfeffer abschmecken.
Mit Crème fraîche verfeinern.

Kartoffel-Kräutersuppe mit Pumpernickel

750 g Kartoffeln
1/2 Sellerieknolle
3 Möhren
2 Petersilienwurzeln
1 kleine Stange Porree
50 g Butter
1 l Gemüsebrühe
Majoran, Basilikum, Petersilie
Salz, Pfeffer
75 g Räucherspeck
1 Scheibe Pumpernickel
5 El Sauerrahm

Die Kartoffeln schälen, in kleine Würfel schneiden und waschen. Ebenso den Sellerie, die Möhren und die Petersilienwurzeln.
Den Porree in dünne Streifen schneiden und waschen; in einem Topf die Butter erhitzen, das Gemüse hinzufügen und andünsten. Mit Gemüsebrühe ablöschen und etwa 25 Minuten kochen lassen.

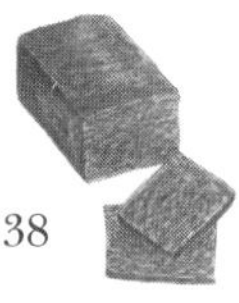

Die Suppe pürieren, Kräuter hinzugeben,
mit Salz und Pfeffer abschmecken.
Den Räucherspeck in kleine Würfel
schneiden, in einer Pfanne auslassen, dann
die Pumpernickelbrösel zugeben und alles
zur Suppe geben.
Mit einem Schlag Sauerrahm die Suppe
krönen.

Rustikale Gemüsesuppe

250g Kartoffeln
200g Möhren
150g Spitzkohl
1 Stange Lauch
1½ l Fleischbrühe
3 Scheiben Pumpernickel
2 Zwiebeln
geräucherter Speck
Salz

Das Gemüse waschen und putzen. Die Kartoffeln würfeln, Möhren in Scheiben schneiden, den Kohl zerkleinern, das Lauch in dünne Ringe schneiden. Alles in die kochende Brühe geben und etwa 20-25 Minuten köcheln lassen.
Pumpernickel zerbröseln und rösten. Zwiebeln in feine Würfel schneiden, in den geräucherten Speckwürfeln dünsten und alles zur Suppe geben.
Mit Salz abschmecken.

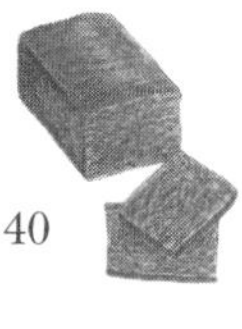

Kohlrabisüppchen mit Pumpernickel

1 kleine Stange Porree
50 g Butter
2 Kohlrabi
1 l Hühnerbrühe
1 Becher Crème fraîche
Butterstückchen
Salz, Pfeffer
1 Scheibe Pumpernickel
Petersilie

Den Porree waschen, in kleine Abschnitte schneiden und in einem Topf mit ausgelassener Butter andünsten.
Die Kohlrabi schälen, in dünne Stifte schneiden und ebenfalls in den Topf geben. Mitdünsten lassen. Mit Hühnerbrühe auffüllen und etwa 20 Minuten köcheln lassen.
Suppe pürieren, wieder aufkochen lassen. Crème fraîche und Butterstückchen zugeben. Mit Salz und Pfeffer abschmecken.
Mit geriebenem Pumpernickel und Petersilie bestreuen.

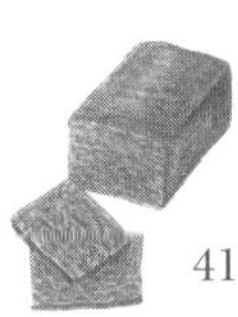

Käse-Porree-Suppe mit Schinken und Pumpernickel

2 Stangen Porree
50 g Butter
2 El Mehl
1 l Fleischbrühe
250 g Schmelzkäse (Sahne)
Salz, Pfeffer
125 g gekochter Schinken (in Scheiben)
1 Scheibe Pumpernickel
Schnittlauch

Den Porree waschen, in dünne Ringe schneiden und in einem Topf mit ausgelassener Butter dünsten. Mehl hinzufügen, verrühren, kurz andünsten. Mit Fleischbrühe auffüllen und 15 Minuten schwach kochen lassen. Den Schmelzkäse in die Brühe geben, verrühren und kurz durchkochen lassen. Mit Salz und Pfeffer abschmecken. Den gekochten Schinken in Streifen schneiden. Den Pumpernickel zerbröseln. Schinken und Pumpernickel über die fertige Suppe streuen.
Mit Schnittlauch garnieren.

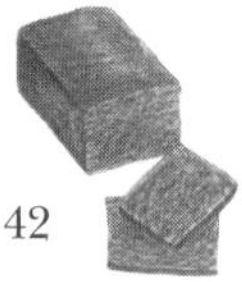

Fleischspeisen mit Pumpernickel

Schweinerückenbraten mit Pumpernickel-Rosinen-Soße

1 kg Schweinerücken
Salz, Pfeffer, Senf
125 g durchwachsener Speck
1 Zwiebel, geschält und gewürfelt
1/4 l Altbier
4 El Rosinen
2 Scheiben Pumpernickel
1/2 Becher Sahne

Den Schweinerücken waschen, trocken tupfen, mit Salz und Pfeffer gut einreiben. Mit Senf dünn bestreichen.
In einem Topf Speck auslassen, darin das Fleisch von allen Seiten anbraten. Zwiebel zugeben und bräunen. Mit Altbier und Wasser auffüllen, die zuvor eingeweichten Rosinen und den geriebenen Pumpernickel zugeben.
Im Backofen bei 200°C etwa 1 1/2 Stunden abgedeckt schmoren lassen.
Das Fleisch herausnehmen und warm stellen.
Den Fond mit Sahne verrühren und zum Fleisch reichen.

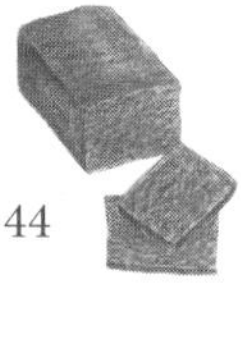

Schweinebraten mit süßer Kruste

1 kg Schweinebraten (ohne Schwarte)
3 Zwiebeln
3 Scheiben Pumpernickel
Salz, Pfeffer, Zucker
Fett
Kümmel

Das Fleisch in Fett anbraten, salzen und pfeffern. Zwiebeln klein schneiden und hinzufügen. Etwa 1½ Stunden braten lassen. Dabei mehrmals mit heißem Wasser begießen.
Den Pumpernickel fein reiben, mit Zucker und wenig Kümmel mischen.
Den Braten aus dem Topf nehmen.
Das Pumpernickel-Gemisch fest auf die Fettseite des Bratens drücken.
Nochmals ½ Stunde garen lassen, dabei weder Fleisch wenden noch mit Wasser begießen.
Soße mit Sahne abschmecken.

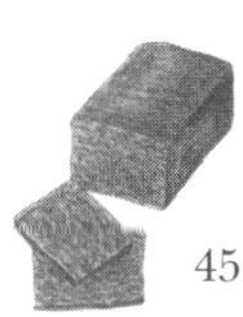

Gebratene Schweinskarbonade mit Pumpernickelrinde auf Rotweinsoße

1 kg Schweinskarbonade
Salz und Pfeffer aus der Mühle
50 g Butterschmalz
Gemüse: 2 Zwiebeln, 4 Möhren, 1/2 Sellerie
0,2 L Rotwein
4 Scheiben Pumpernickel
2 Eigelb
1 Ei
1 El Senf
1 Tl Zucker
1 El Zitronensaft
0,1 L Rotwein
1 Becher Sahne

Das Fleisch säubern, trocken tupfen und mit Salz und Pfeffer aus der Mühle kräftig einreiben.
Butterschmalz in einem Bratentopf auslassen, darin das Fleisch von allen Seiten gut anbraten. Das geputzte und kleingeschnittene Gemüse zugeben, mitdünsten.
Mit Rotwein ablöschen. Im Backofen bei 200°C

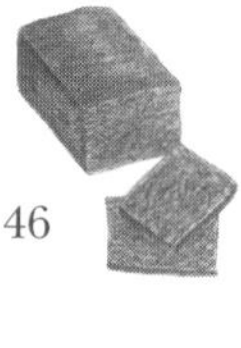

eine Stunde garen.

Den Pumpernickel reiben, Eigelb und Ei zugeben, verrühren. Senf, Zucker und Zitronensaft hinzugeben. Verrühren und auf dem Fleisch verteilen.

Im Backofen bei geöffnetem Topf noch etwa 30 Minuten bei 225 °C garen. Gelegentlich begießen. Das Fleisch herausnehmen und warm stellen. Den Fond durchsieben. Rotwein zugeben, einkochen lassen und mit Sahne eine Soße herstellen. Mit Salz und Pfeffer abschmecken.

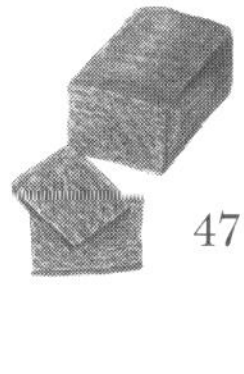

Schinkenbraten

im Pumpernickelmantel

1 kg Schinkenbraten
Salz und Pfeffer aus der Mühle
Bratfett
2 Zwiebeln
2 Möhren
einige Pfefferkörner
1 Lorbeerblatt
1/2 l Altbier
3 Eigelb
50 g geriebener Käse
3 Scheiben Pumpernickel
Petersilie
1/5 l Sahne
30 g Butter

Den Braten abwaschen, trocken tupfen, mit Salz und Pfeffer aus der Mühle einreiben und in einem Topf mit Bratfett von allen Seiten gut anbraten.
Die geschälten und gewürfelten Zwiebeln, die gesäuberten Möhren hinzufügen, Pfefferkörner und Lorbeerblatt zugeben und mit

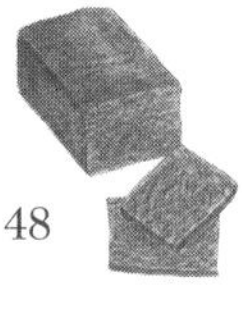

Bier und Wasser ablöschen. Gut 1 1/2 Stunden schmoren lassen.
Eigelb, geriebenen Käse, Pumpernickelbrösel und gehackte Petersilie verrühren. Damit den Braten großzügig bestreichen und bei starker Hitze 15 Minuten im Backofen überbacken. Fleisch herausnehmen und warm stellen.
Den Bratenfond durchsieben, Bier zugeben, einkochen lassen und mit Sahne und Butterstückchen zu einer Soße abschmecken.

Überbackene Schnitzel mit Pumpernickelbiss

4 Schnitzel
Salz, Pfeffer
2 Eier
Paniermehl
Butterschmalz
16 Spargelstangen (gekocht)
1 P. Sauce hollandaise
2 Scheiben Pumpernickel
8 Scheiben Gouda (mittelalt)

Die Schnitzel abwaschen, trocken tupfen, mit Salz und Pfeffer einreiben, in verquirltes Ei und anschließend in Paniermehl wenden. In einer Pfanne von beiden Seiten goldbraun braten.
Die Schnitzel auf ein mit Backpapier ausgelegtes Backblech geben.
Auf die Schnitzel die Spargelstangen verteilen, Sauce hollandaise zugeben, die Pumpernickelbrösel darauf streuen, Käsescheiben darauflegen und etwa 10 Minuten bei 175°C überbacken.

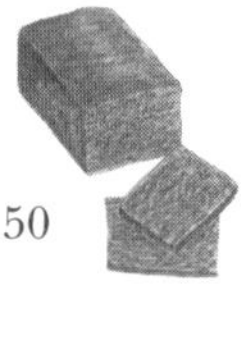

Gefülltes Schweinefilet mit Backpflaumen und Pumpernickel

1 kg Schweinefilet
5 Backpflaumen
2 Scheiben Pumpernickel
Salz, Pfeffer, Senf
Butterschmalz
1 Glas Altbier
1 Scheibe Pumpernickel
1/2 Becher Sahne

Die Schweinefilets waschen, trocken tupfen, mit einem Messer seitlich aufschneiden. Die eingeweichten Backpflaumen und die Pumpernickelstückchen hineindrücken. Mit einem Zwirn verschließen. Das Fleisch salzen und pfeffern, mit Senf einreiben und in Butterschmalz rundum braun anbraten. Mit Altbier ablöschen und etwa 20 Minuten schmoren lassen. Das Fleisch herausnehmen und anrichten.
Aus dem Bratenfond eine Soße herstellen: etwas Pumpernickel hineinreiben, Sahne zugeben und gut verrühren.

Rinderschmorbraten
mit Pumpernickel und Gemüse

1 kg Rinderbraten
Salz, Pfeffer
150 g Schinkenspeck, geräuchert
2 Zwiebeln
2 Möhren
1 Porreestange
1/2 Sellerie
1 Petersilienwurzel
1/4 l Altbier
4 Pfefferkörner
3 Lorbeerblätter
3 El Weinessig
1 Scheibe Pumpernickel
1/2 Becher Sahne

Den Rinderbraten waschen, trocken tupfen und mit Salz und Pfeffer einreiben. Den Speck in kleine Würfel schneiden, in einem Bräter auslassen. Das Fleisch hinzugeben und von allen Seiten kräftig anbraten. Fleisch herausnehmen.
In dem Fett gewürfelte Zwiebeln, Möhren-

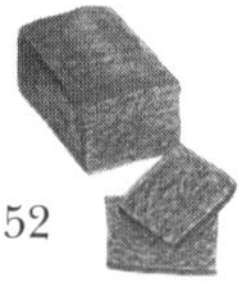

stücke, Porreestreifen, Selleriestücke und Petersilienwurzelstücke dünsten, mit Altbier auffüllen, das Fleisch hinzugeben. Pfefferkörner, Lorbeerblätter, Weinessig, Pumpernickelbrösel hinzugeben. Im Backofen bei 200°C etwa 2 Stunden garen.

Das Fleisch herausnehmen und warm stellen. Den Fond durch ein Sieb drücken, aufkochen und mit Sahne abschmecken.

Tafelspitz mit warmer Meerrettichsoße und Pumpernickel

1 kg Tafelspitz
1 Stück Suppenfleisch (z. B. Rinderbrust)
Knochen für Suppe
1 El Salz
Suppengemüse, geputzt (Porreestange, Möhre, Sellerie)
30g Butter
2 El Öl
3 El Mehl
0,2 l Sahne
1/2 l Suppenbrühe)
1/2 Stange Meerrettich
Salz
1 Scheibe Pumpernickel

Den Tafelspitz, das Suppenfleisch und die Knochen abwaschen, in einen Suppentopf legen und mit Wasser bedecken. Zum Kochen bringen, abschäumen, salzen und Suppengemüse zugeben und etwa 1 1/2 bis 2 Stunden schwach kochen

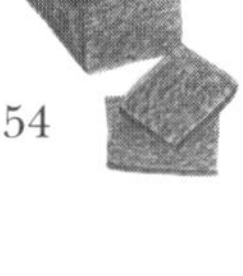

lassen.
In einen Topf die Butter und das Öl geben, erhitzen, unter Rühren mit dem Schneebesen das Mehl zugeben. Dann die Sahne langsam einrühren. Mit Suppenbrühe auffüllen und kurz durchkochen.
Den Meerrettich frisch reiben und in die Soße geben. Mit Salz abschmecken und den geriebenen Pumpernickel zugeben.
Den Tafelspitz in Scheiben schneiden und dazu die Soße reichen.

Rinderschmorbraten in Pumpernickel-Rotwein-Soße

1kg Rinderschmorbraten
3 Zwiebeln
Fett
Salz, Pfeffer
2 Scheiben Pumpernickel
1/8 l Rotwein (trocken)
Sahne

Den Braten anbraten, salzen und pfeffern. Zwiebeln zerkleinern und zum Braten geben; mit etwas Wasser auffüllen und schmoren, bis der Braten gar ist.
Den Braten aus dem Topf nehmen.
Den Pumpernickel zerreiben, in den Sud geben. Aufkochen. Schließlich den Rotwein zugeben (nicht mehr kochen), mit süßer Sahne geschmacklich abrunden.

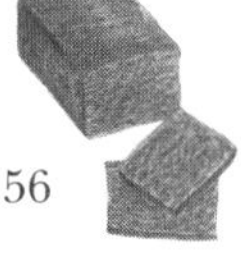

Zwiebeln mit Pumpernickel-Gehackts-Füllung

4 große Gemüsezwiebeln
300 g Gehacktes (halb und halb)
1 Ei
Salz und Pfeffer
1/2 Scheibe geriebener Pumpernickel
2 El Paniermehl
Petersilie
Butter

Die Zwiebeln schälen und in kochendem Salzwasser kurz ankochen.
Herausnehmen. Deckel oben abschneiden und aushöhlen.
Die ausgehöhlte Zwiebelmasse mit Gehacktem, Ei, Salz, Pfeffer, geriebenen Pumpernickel, Paniermehl und kleingehackte Petersilie vermengen.
Mit der Fleisch-Pumpernickel-Masse die Zwiebeln füllen.
In eine mit Butter gefettete Auflaufform setzen und bei 200°C etwa 30 Minuten backen.

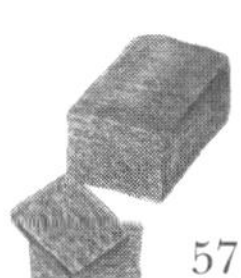

Wirsing mit Gehacktes-Pumpernickelfüllung

1 Wirsing
Salz
250 g Gehacktes (halb u. halb)
Pfeffer, Salz
2 Zwiebeln
2 Brötchen (eingeweicht)
2 Eier
2 Scheiben Pumpernickel (gerieben)
Mehl
30 g Butterschmalz
einige Pfefferkörner
2 Lorbeerblätter
1 Zwiebel
1 Becher Sahne

Von einem großen Wirsing werden die großen Blätter gelöst. Diese werden kurz in Salzwasser gekocht und anschließend zum Abtropfen in ein Sieb gegeben.
Aus dem Gehackten, Pfeffer, Salz, den kleingewürfelten Zwiebeln, den zuvor eingeweichten Brötchen, den Eiern und dem

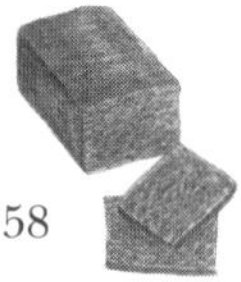

geriebenem Pumpernickel wird eine Fleischmasse geknetet.
Diese wird portionsweise auf die Wirsingblätter gegeben. Diese werden zusammengewickelt, mit einem Faden verschnürt und in Mehl gewendet.
In einem Topf Butterschmalz auslassen, die Wirsingrouladen hineingeben und von allen Seiten gut anbraten.
Mit etwas Wirsingwasser ablöschen und die Rouladen schmoren lassen. Pfefferkörner, Lorbeerblätter und eine geschälte und grob geschnittene Zwiebel zugeben. Etwa 45 Minuten garen lassen.
Die Wirsingrouladen herausnehmen, den Fond durchsieben und mit Sahne eine Soße herstellen.

Hackbraten mit Pumpernickel

1 Brötchen
750 g Gehacktes (Halb und Halb)
2 Eier
Salz, Pfeffer, Paprika
1 TL Senf
etwas gehackte Petersilie
2 Zwiebeln (geschält und gehackt)
2 Scheiben Pumpernickel
Butterschmalz zum Einfetten
1 kleine Flasche Altbier
1 EL Speisestärke

Das Brötchen in kaltes Wasser geben und einweichen lassen. Gehacktes in eine Schüssel geben, Eier, Salz, Pfeffer, Paprika, Senf, Petersilie, Zwiebelstückchen zugeben und vermengen. Das ausgedrückte Brötchen und den zerbröselten Pumpernickel zugeben.

Die Masse zu einem großen Laib formen, in eine gefettete Auflaufform geben. In den Backofen geben, nach 30 Minuten mit Altbier begießen, mit Alufolie abdecken und nochmals ca. 30 Minuten gehen lassen.

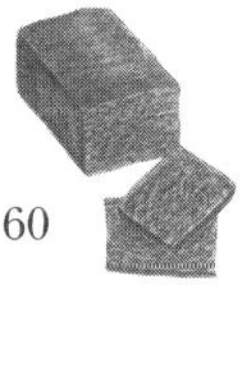

Den Hackbraten herausnehmen. Aus dem Fond mit etwas Bier und Speisestärke eine Soße herstellen.

Königsberger Klopse in Pumpernickel-Sahne

500g Gehacktes (halb und halb)
2 Zwiebeln
1 Ei
1 Brötchen (eingeweicht)
1/2 Scheibe Pumpernickel
2 El Paniermehl
Salz, Pfeffer
1 El scharfer Senf
40g Butter
3 El Mehl
0,1 l Sahne
1 Eigelb
Saft einer halben Zitrone
etwas Weißwein
1 Scheibe Pumpernickel, gerieben

Gehacktes in eine Schüssel geben. Die geschälten und kleingewürfelten Zwiebeln, das Ei, das eingeweichte Brötchen, den geriebenen Pumpernickel, Paniermehl, Salz, Pfeffer und Senf zugeben. Mit der Hand vermengen und Klopse formen. In kochendes Salzwasser

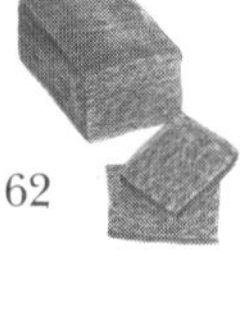

geben und etwa 15 Minuten schwach kochen lassen.
Butter in einem Topf auslassen, Mehl hinzugeben, mit der Brühe von den Klopsen auffüllen und kurz aufkochen lassen.
Sahne und Eigelb verquirlen, in die nicht mehr kochende Mehlschwitze geben. Mit Zitronensaft und Weißwein abschmecken.
Die Klopse hineingeben und kurz ziehen lassen. Mit geriebenem Pumpernickel bestreuen.

Pumpernickel-Frikadellen

500g Gehacktes (halb und halb)
1 getrocknetes Brötchen
1 Scheibe Pumpernickel
2 Zwiebeln
Salz, Pfeffer
2 Eier
Paniermehl
Bratfett

Brötchen in Wasser einweichen, bis es stark gequollen ist. Ausdrücken und zum Gehackten geben.
Pumpernickel zerbröseln und mit gewürfelten Zwiebeln, Salz, Pfeffer und den Eiern zur Fleischmasse geben. Alles gut durchmengen.
Aus der Masse Bällchen formen, diese in Paniermehl wälzen und in das erhitzte Bratfett geben. Von allen Seiten kräftig anbraten und bei geringer Hitze garen.

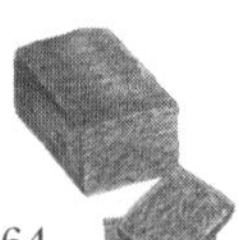

Wild- und Geflügelgerichte mit Pumpernickel

Wildschweinrückenbraten mit Rotwein-Pumpernickel-Soße

Rotweinbeize:

1/2 l Rotwein
1/2 l Wasser
1/2 l Rotweinessig
4 Lorbeerblätter
3 Nelken
6 Wacholderbeeren
6 Pfefferkörner
2 Zwiebeln
1 Möhre
1/4 Sellerieknolle

1 kg Wildschweinrückenbraten (bratfertig)
Pfeffer, Salz, Thymian
4 El Öl
2 Scheiben Pumpernickel
1/2 Becher Sauerrahm
Salz, Zucker, Pfeffer

Zunächst wird eine Rotwein-Beize hergestellt: Rotwein, Wasser, Rotweinessig, Lorbeer-

blätter, Nelken, Wacholderbeeren, Pfefferkörner, Zwiebelringe, Möhrenstücke und Selleriestücke in einen Topf geben und für einige Minuten aufkochen lassen.

Das Fleisch säubern, waschen, trocken tupfen, in einen Topf geben, die kalte Rotwein-Beize zugeben, so daß das Fleisch bedeckt ist. Etwa 3-4 Tage an einem kühlen Ort aufbewahren.

Das Fleisch aus der Beize nehmen, trocken tupfen und mit Pfeffer, Salz und Thymian einreiben.

In einen Bräter das Öl geben, das Fleisch zugeben und in vorgeheizten Backofen braten. Gelegentlich mit Beize und Rotwein begießen. Etwa 1 1/2 Stunden braten, nach einer Stunde die Pumpernickelstückchen und das Gemüse aus der Beize im Fond mitbraten lassen.

Das Fleisch herausnehmen und warm stellen. Den Fond durch ein Sieb drücken, mit Sauerrahm die Soße herstellen. Mit Salz, Zucker und Pfeffer abschmecken.

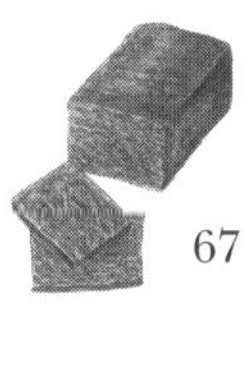

Wildente mit

Apfel-Pflaumen-Pumpernickel-Füllung

2 Wildenten (küchenfertig)
Salz und Pfeffer (aus der Mühle)
100g Backpflaumen (eingeweicht)
2 Äpfel
2 Scheiben Pumpernickel
Bratfett
Wildfond
200 ml Rotwein
1 Scheibe Pumpernickel
Salz und Pfeffer
100 ml Sahne

Die Wildenten säubern, waschen und trocken tupfen. Mit Salz und Pfeffer von innen und außen einreiben.
Aus den Backpflaumen, die zerkleinert und entsteint werden, den gewaschenen, geschälten, geviertelten, entkernten und in Stückchen geschnittenen Äpfeln und den zerbröselten Pumpernickelscheiben eine Mischung herstellen und damit die Enten füllen. Mit Zahnstochern schließen.

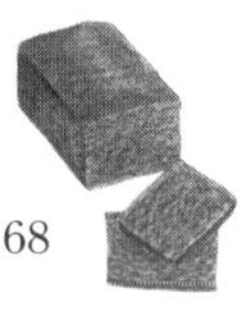

In einem Topf Bratfett erhitzen. Darin die Wildenten von allen Seiten knusprig braun braten. Mit Wildfond und Rotwein ablöschen. Etwa 60 Minuten köcheln lassen. Dann das Wild herausnehmen und warm stellen.
Aus Pumpernickelbröseln, Pfeffer und Salz sowie Sahne eine Soße herstellen.

Kaninchenrücken mit Pumpernickelfüllung, Stielmus und Rosmarinkartoffeln*

750g Kaninchenrücken
75g Pumpernickel
1 Ei
2 Schalotten
130g mageren Räucherspeck in Scheiben
1 Knoblauchzehe
4 Tl Rübenkraut
1/2 Tl Rosmarin
Pfeffer, Salz, Muskat
50g Wurzelgemüse
1 El Gänseschmalz
1/4 l Hühnerbrühe

Den Rücken fein säuberlich von allen Knochen und Sehnen befreien.
Aus dem Pumpernickel, dem Ei, 1 Schalotte und 30g Räucherspeck sowie 1 Tl Rübenkraut, Knoblauch, 1/4 Tl Rosmarin eine Farce bereiten. Mit Salz, Pfeffer, Muskat

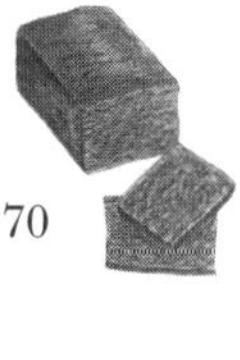

würzen. Das ausgelöste Fleisch nun mit der Farce bestreichen und die Filets darauflegen. Jetzt wird das Ganze mit Küchengarn zu einem Rollbraten zusammengebunden.
Die Karkasse zerkleinern, mit 30g Speck, der gehackten Schalotte und dem Wurzelgemüse anbraten und darin den Rollbraten rundum braten. Mit dem restlichen Speck belegen und für ca. 25 Minuten (Umluft 180°C) in den vorgeheizten Backofen schieben.
Braten herausnehmen und mit Alufolie bedeckt 5-8 Minuten warmstellen. Den Bratenfond mit der Brühe angießen, das restliche Rübenkraut dazugeben, mit Salz und Pfeffer abschmecken. Leicht einkochen lassen und durchs Sieb passieren.

Stielmus:

750g Stielmus
20g Butter
1 Schalotte, fein gewürfelt
Salz, Pfeffer, Muskat
5 El Fleischbrühe
5 El Sahne

Erst die harten Blätter vom Mus entfernen. Dann den Rest fein hacken. Die Butter

zerlassen, die fein gewürfelte Schalotte anschwitzen, das Mus dazugeben und mit der Fleischbrühe garziehen. Sahne zugießen, mit Salz, Pfeffer, Muskat abschmecken.
(Cayenne-Pfeffer, Kreuzkümmel und geriebener Käse geben dem Gericht eine sehr feine Note.)

Rosmarinkartoffeln:

750 g Frühkartoffeln (in der Schale gekocht)
30 g Gänseschmalz oder Butter
1-2 Zweige frischen Rosmarin

Das Fett und die Kartoffeln in der Pfanne bei mittlerer Hitze goldbraun braten. Den Rosmarin 2-3 Minuten vor dem Garpunkt hinzugeben. Garziehen und mit dem Fleisch und dem Gemüse anrichten.

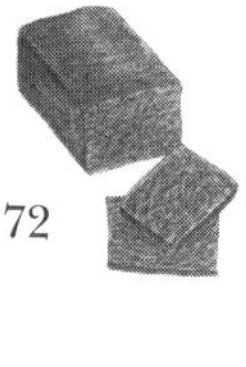

Hähnchen mit Apfel-Pumpernickel-Füllung

1 Hähnchen (~ 1300 g)
Salz und Pfeffer aus der Mühle
2 Äpfel
2 Scheiben Pumpernickel (vom Vortag)
2 El gehackte Haselnüsse
125 g Gehacktes (Halb und Halb)
Salz und Pfeffer
Petersilie
Olivenöl
1/4 l Apfelwein
1/4 l Hühnerbrühe
1/2 Becher Sahne

Das Hähnchen kräftig waschen, trocken tupfen und mit Salz und Pfeffer von außen und innen einreiben.
Die Äpfel waschen, vierteln, entkernen und in kleine Stücke schneiden. Dazu zerkrümelten Pumpernickel, die gehackten Nüsse und das Gehackte geben. Mit Salz und Pfeffer würzen und kleingehackte Petersilie unterrühren.
Das Hähnchen mit der Masse füllen

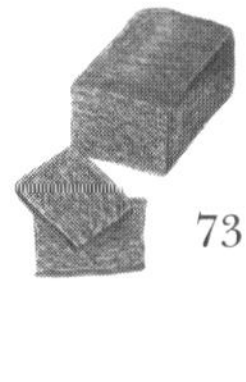

und verschließen.
Das Hähnchen mit Olivenöl bestreichen, in eine gefettete Bratform geben und bei 200°C im Backofen 60 Minuten braten. Mit Apfelwein häufiger begießen.
Das Hähnchen herausnehmen und aus dem Fond mit Hühnerbrühe und Sahne eine Soße binden. Mit Salz und Pfeffer abschmecken.

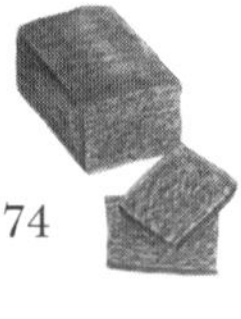

Fischgerichte mit Pumpernickel

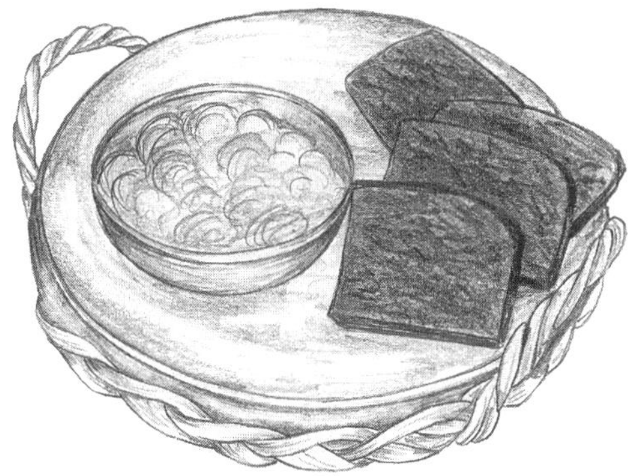

Rotbarschfilets mit Pumpernickel-Kräuter-Kruste

4 Rotbarschfilets (ca. 1 kg)
Meersalz
50 g Butter
1 Scheibe Pumpernickel
2 Zwiebäcke
1 Eigelb
100 g Butter
1 Bund Petersilie
Salz, Pfeffer

Die Rotbarschfilets waschen, trocken tupfen und von beiden Seiten mit Salz einreiben.

Eine Auflaufform mit Butter einfetten. Die Fischfilets hineinlegen.

Aus dem geriebenen Pumpernickel und Zwieback, dem Eigelb, der Butter, der Petersilie, Salz, Pfeffer eine Masse rühren. Diese auf den Fischfilets verteilen.

Im Backofen bei 225°C ca. 20 Minuten backen.

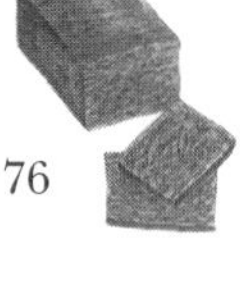

Lachsfilets mit Pumpernickelhaube

4 Lachsfilets
Salz und Pfeffer aus der Mühle
Butter zum Einfetten
2 Scheiben Pumpernickel
2 Eigelb
3 El Paniermehl
Dill, Petersilie
0,2 l Weißwein

Die Lachsfilets säubern, waschen, trocken tupfen. Mit Salz und Pfeffer würzen.
Eine Auflaufform einfetten, darin die Lachsfilets geben.
Aus dem geriebenen Pumpernickel, dem Eigelb, dem Paniermehl, dem kleingeschnittenen Dill und der gehackten Petersilie eine Masse rühren. Diese auf die Lachsfilets geben.
Bei 200°C im Backofen ca. 20 Minuten garen.
Zwischendurch etwas Weißwein zugeben.

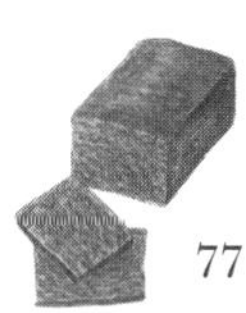

Heringsstipp an Pumpernickel

4 Heringsfilets
2 Zwiebeln
0,2 l Weißweinessig
1 Lorbeerblatt
Pfefferkörner
Pfeffer, Salz
2 Äpfel
4 El Sahne
4 El Sauerrahm
4 Scheiben Pumpernickel
Butter

Heringsfilets waschen und in 2 cm lange Stücke schneiden. Zwiebeln in Ringe schneiden, mit dem Weinessig erhitzen. Lorbeerblatt, Pfefferkörner und Pfeffer und Salz zugeben. Kurz aufkochen und dann abkühlen lassen.

Äpfel schälen, entkernen und in kleine Stücke schneiden. Essig mit Sahne und Sauerrahm binden.

Äpfel und Fisch in die Sauce geben und einige Tage durchziehen lassen.

Pumpernickel-Scheiben in Streifen oder Dreiecke schneiden, mit Butterwürfeln auf

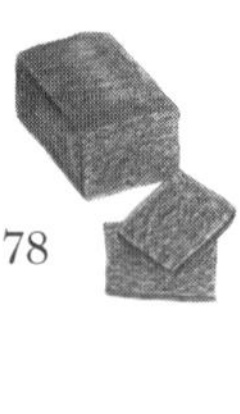

die Teller legen. Heringsstipp daneben anrichten.

Beilagen mit Pumpernickel

Kartoffelpüree mit Crème fraîche und Pumpernickel-Petersilie

1 kg Kartoffeln
1 Tl Salz
30 g Butter
1 Becher Crème fraîche
Salz, Muskat
2 Scheiben Pumpernickel
1/2 Bund Petersilie

Die Kartoffeln schälen, waschen und in einem Topf mit Salzwasser etwa 20 Minuten kochen. Das Wasser abgießen und die Kartoffeln pürieren. Butter und Crème fraîche unterheben. Mit Salz und Muskat würzen.
Den Pumpernickel zerbröseln, die Petersilie fein hacken, vermischen und über das Kartoffelpüree geben.

Pellkartoffeln mit Pumpernickel-Crème fraîche

1 kg Kartoffeln
1 Tl Salz
2 Becher Crème fraîche
2 Scheiben Pumpernickel
Gartenkräuter (Petersilie, Schnittlauch, Kresse ...)

Die Kartoffeln kurz in Wasser reinigen, mit der Schale in Wasser geben, salzen und etwa 25 Minuten kochen lassen.
Die Crème fraîche in eine Schüssel geben, den Pumpernickel reiben und zugeben. Die gehackten Gartenkräuter unterheben.
Das Kartoffelwasser abgießen, Kartoffeln abschrecken und mit der Crème servieren.

Kartoffel-Pumpernickel-Rösti

750g Kartoffeln
2 Zwiebeln
2 Scheiben Pumpernickel
Salz, Pfeffer
Öl

Die Kartoffeln schälen. Grob raspeln. Zwiebeln schälen, in Würfel schneiden, zu der Kartoffelmasse geben. Den geriebenen Pumpernickel zugeben. Mit Salz und Pfeffer würzen.
Öl in einer Pfanne erhitzen, die Kartoffelmasse portionsweise hineingeben und etwa im Durchmesser 7 cm große Plätzchen von beiden Seiten goldbraun backen.
Vorgang wiederholen.

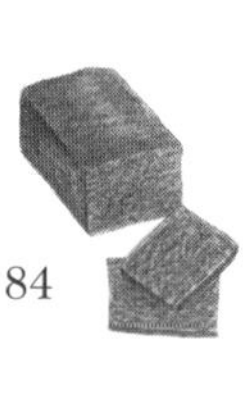

Pumpernickel-Semmelknödel

500 g Weißbrot (alt)
3 Scheiben Pumpernickel
1/2 l Milch
30 g Butter
2 Zwiebeln
etwas Salz
1/2 Zitrone
4 El Petersilie (kleingehackt)
3 Eier
2 El Mehl (bei Bedarf mehr)

Das Brot zerbröckeln, in eine Schüssel geben, kochende Milch zugeben und einweichen lassen.
In einem Topf Butter auslassen, die kleingehackte Zwiebel hineingeben und kurz dünsten lassen. Zwiebeln und Butter zu der Brotmasse geben.
Salz, abgeriebene Zitronenschale, Petersilie, Eier, Mehl zugeben und aus der Masse Knödel formen.
Diese in kochendes Wasser geben, die Knödel bei schwacher Hitze etwa 15-20 Minuten kochen lassen.

Schwarzwurzeltopf

2 Gläser Schwarzwurzeln
50 g Butter
2 El Mehl
0,1 l Weißwein
1/2 Becher Sahne
Salz, Muskat
Butter zum Einfetten
2 Scheiben Pumpernickel, gerieben
200 g geriebener Emmentaler

Die Schwarzwurzeln in einen Durchschlag geben und gut abtropfen lassen. Wasser auffangen.
Butter in einen Topf geben und auslassen, Mehl hineinstreuen, mit einem Schneebesen verrühren, mit Schwarzwurzelwasser, Wein und Sahne ablöschen. Salzen und Muskat hineinreben.
Die Schwarzwurzeln in eine gefettete Auflaufform geben, die Crème darübergießen, mit Pumpernickel bestreuen. Geriebenen Käse aufstreuen und im vorgeheizten Backofen bei 225°C etwa 10 bis 15 Minuten überbacken.

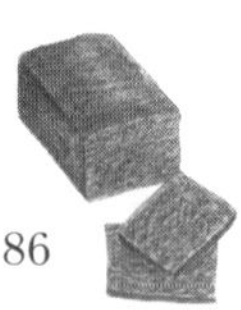

Kohlrabi mit Pumpernickel-Creme

4 Kohlrabi
Salz
30 g Butter
2 El Mehl
1/4 l Sahne
Salz
2 El Zitronensaft
2 Scheiben Pumpernickel
Petersilie zum Bestreuen

Die Kohlrabi vom Grün befreien, schälen, halbieren und in längliche Stifte schneiden. In Salzwasser 25 Minuten gar kochen.

Butter in einen Topf geben, mit Mehl bestäuben, mit Kohlrabiwasser und Sahne ablöschen. Mit Salz und Zitronensaft abschmecken.

Den geriebenen Pumpernickel unterheben. Die abgetropften Kohlrabi in die Creme geben. Mit Petersilie bestreuen.

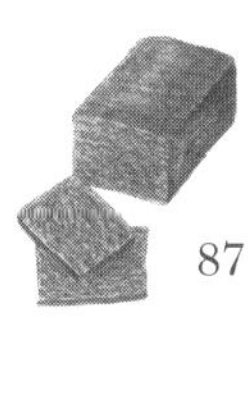

Überbackene gefüllte Kohlrabi

4 Kohlrabi
3 Scheiben gekochter Schinken
1 Scheibe Pumpernickel
1 Zwiebel
30g Butter
1 El Mehl
1/8 l Sahne
Petersilie
4 El geriebener Käse
Butter

Die Kohlrabi schälen und in Salzwasser etwa 25 Minuten kochen. Die Deckel abschneiden, und das Gemüse vorsichtig aushöhlen.
Das Ausgehöhlte in Stückchen schneiden. Den Schinken in dünne Streifen schneiden. Den Pumpernickel reiben. Die Zwiebel schälen und würfeln.
Butter in einem Topf erhitzen. Darin die Zwiebelwürfel dünsten. Mehl zugeben und mit Sahne ablöschen. Kohlrabistückchen, Schinkenstreifen, Pumpernickelbrösel und gehackte Petersilie zugeben.
Die Masse in die Kohlrabi geben. Mit geriebenem

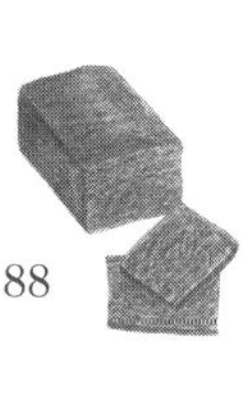

Käse bestreuen. Butterflöckchen aufsetzen. Im vorgeheizten Backofen in einer gefetteten Auflaufform bei 225°C etwa 20 Minuten überbacken.

Wirsing mit Pumpernickel-Rahm

1 Kopf Wirsing
100 g Räucherspeck
30 g Butter
0,2 l Gemüsebrühe
0,25 l Sahne
0,1 l Weißwein
schwarzer Pfeffer
Salz
1 Scheibe Pumpernickel (gerieben)

Vom Wirsing die äußeren Blätter entfernen, den Kopf vierteln, den Strunk entfernen und die Blätter in Streifen schneiden. Waschen und in ein Sieb zum Trocknen geben.
In einem Topf den kleingeschnittenen Räucherspeck auslassen, Butter hinzugeben und darin den Kohl dünsten.
Mit etwas Gemüse auffüllen. Kurz kochen lassen. Die Sahne und den Wein zugeben und 15 Minuten schwach kochen lassen.
Mit schwarzem Pfeffer und Salz abschmecken.
Den geriebenen Pumpernickel zu dem Gemüse geben.

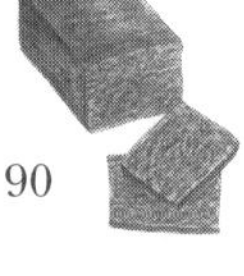

Wirsinggemüse mit Pumpernickel-Speck

1 Kopf Wirsing
50 g Butter
1/2 l Sahne
Salz und Pfeffer
100 g geräucherter Schinkenspeck (gewürfelt)
2 Scheiben Pumpernickel

Den Wirsing von den äußeren Blättern befreien, halbieren und den Strunk entfernen. Das Gemüse in dünne Streifen schneiden und abwaschen.
In einem Topf die Butter auslassen, darin den Wirsing dünsten. Mit Sahne ablöschen, mit Salz und Pfeffer würzen und etwa 20 Minuten bei schwacher Hitze kochen lassen.
In eine Pfanne den Schinkenspeck geben, auslassen und kurz bräunen. Den Pumpernickel zerbröseln, mit dem Speck zu dem Wirsing geben und kurz durchziehen lassen.

Spätzle mit Waldchampignon-Pumpernickel-Soße

1 kg Spätzle
1 TL Salz
300 g Waldchampignons
50 g Butter
Salz, Pfeffer
1/4 l Sahne
2 Scheiben Pumpernickel
1 Bund Petersilie

Die Spätzle in kochendem Wasser mit Salz bißfest garen.
Die Pilze putzen und waschen. In eine Pfanne Butter geben. Darin die Pilze rundum bräunen. Mit Salz und Pfeffer würzen.
Sahne zugeben, einkochen lassen und den geriebenen Pumpernickel hineinstreuen.
Die Pilzsoße mit den Nudeln servieren. Mit Petersilie bestreuen.

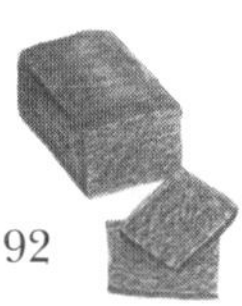

Spargel mit Pumpernickel-Hollandaise

100g Spargel
Salz
Butter
Zucker
4 Eigelb
1 El Zitronensaft
Salz
Pfeffer
250g Butter
2 Scheiben Pumpernickel
Petersilie

Den Spargel schälen, die Enden abschneiden, in Salzwasser unter Zugabe von Butter und Zucker etwa 20 Minuten kochen.
Die Eigelb, den Zitronensaft, Salz und Pfeffer mit dem Schneebesen zu einer Creme schlagen.
Die flüssige Butter langsam unterheben.
Den fein geriebenen Pumpernickel unter die Hollandaise geben.
Spargel mit der Pumpernickel-Hollandaise servieren. Mit Petersilie bestreuen.
Dazu: Salzkartoffeln

Überbackener Porree mit Pumpernickel-Käse-Kruste

6 Stangen Porree
1 Brühwürfel (Gemüsesuppe)
Butter zum Einfetten
30g Butter
2 El Mehl
0,2l Milch
0,1l Gemüsebrühe
Salz
2 El Zitronensaft
125g geriebener Käse
(z.B. Emmentaler)

Den Porree säubern, Wurzel und das Grün abschneiden, abwaschen.
In Gemüsebrühe etwa 25 Minuten kochen.
Das Gemüse herausnehmen und abtropfen lassen. Eine Auflaufform einfetten und darin den Porree legen.
Butter in einen Topf geben, Mehl darauf streuen, mit einem Schneebesen Milch und Gemüsebrühe zugeben und eine Schwitze herstellen. Mit Salz und Zitronensaft

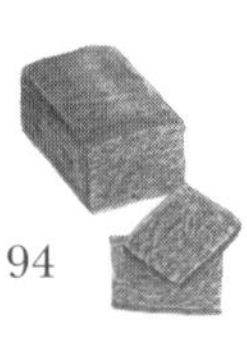

würzen. Über den Lauch geben. Den geriebenen Käse darüber streuen und im vorgeheizten Backofen bei 200°C etwa 20 Minuten überbacken.

Salate mit Pumpernickel

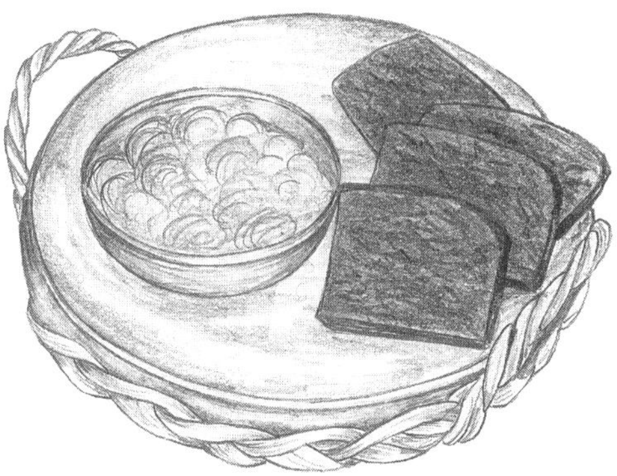

Feldsalat mit Krabben und Pumpernickelbrösel

250g Feldsalat
1/2 Knoblauchzehe
1/2 Becher Sahne
1/2 Becher Crème fraîche
Saft einer halben Zitrone
Salz, Pfeffer
100g Krabben
50g Champignons
1 Scheibe Pumpernickel

Den Feldsalat putzen, waschen und gut abtropfen lassen.
Eine Salatsoße zubereiten: dazu die Knoblauchzehe auspressen. Mit Sahne, Crème fraîche, Zitronensaft verrühren. Mit Salz und Pfeffer abschmecken. Die Krabben in die Soße geben. Die Champignons putzen, abspülen und in hauchdünne Scheiben schneiden. Den Pumpernickel in kleine Stückchen böseln. Den Salat in eine Schüssel geben, die Champignons unterheben. Die Soße zugeben und alles mit den Pumpernickelbröseln bestreuen.

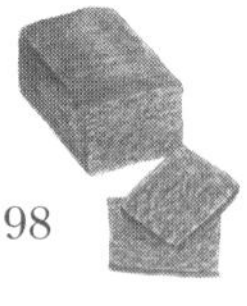

Eichblattsalat mit Pumpernickel und Bresso-Tomate

1 Packung runde Pumpernickel
2 Packungen Bresso Kräuter
4 Tomaten
1 Eichblattsalat
2 El Öl
2 El Essig
Salz und Pfeffer

Die runden Pumpernickelscheiben mit Bresso-Käse bestreichen. Mit Tomatenscheiben bedecken.
Den Salat von den Stielen befreien, waschen, trocknen und auf Teller anrichten. Mit Öl und Essig beträufeln. Mit Salz und Pfeffer würzen.
Die Pumpernickel-Scheiben mit dem Käse und den Tomaten auf den Salat setzen. Mit Salz und Pfeffer würzen.

Krautsalat mit Pumpernickelbröseln

1 Weißkohlkopf
1 große Zwiebel
1 Paprika (grün)
6 El Kräuteressig
6 El Öl
1 Tl Salz
etwas Pfeffer
3 El Zucker
1 Tl Senf
2 Scheiben Pumpernickel

Den Weißkohl von den äußeren Blättern befreien, durchschneiden, Strunk entfernen und sehr fein hobeln.
Die Zwiebel würfeln und zu dem Kohl geben. Die Paprika putzen, in dünne Streifen schneiden und zugeben.
Aus Essig, Öl, Salz, Pfeffer, Zucker und Senf eine Soße herstellen. Diese zum Salat geben. Ziehen lassen.
Mit Pumpernickelbröseln bestreuen.

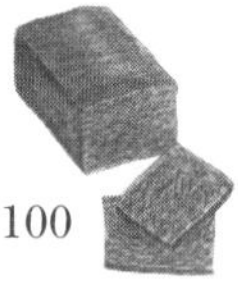

Mais-Gurkensalat mit Pumpernickel

1 Dose Mais (425 g)
1 Salatgurke
2 El Olivenöl
2 El Apfelessig
2 El Wasser
Salz und Pfeffer aus der Mühle
1 Scheibe Pumpernickel
Petersilie

Den Mais in einen Durchschlag geben und abtropfen lassen. Die Gurke waschen und in dünne Scheiben schneiden.
Mais und Gurke in eine Schüssel geben. Aus Olivenöl, Apfelessig, Wasser, Salz und Pfeffer eine Soße herstellen. Mit dem Gemüse verrühren.
Den Pumpernickel reiben und über den Salat streuen.
Mit gehackter Petersilie bestreuen.

Radieschensalat mit Pumpernickel

2 Bund Radieschen
2 Scheiben Pumpernickel
2 El Öl
2 El Essig
3 El Wasser
Salz und Pfeffer aus der Mühle
eine Prise Zucker
1 P. Kresse

Die Radieschen von Blattwerk und Wurtzelspitzen befreien, waschen und in hauchdünne Scheiben schneiden.
Den Pumpernickel reiben.
Aus Öl, Essig, Wasser, Salz, Pfeffer und etwas Zucker eine Marinade anfertigen.
Radieschen in eine Schüssel geben, mit Marinade verrühren.
Kresse zu dem Salat geben, mit geriebenem Pumpernickel bestreuen.

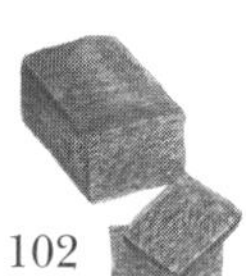

Bunter Apfel-Pumpernickel-Salat mit Crème fraîche

5 Äpfel (unterschiedl. Sorten)
Saft einer halben Zitrone
4 Walnüsse
4 Haselnüsse
2 El Rosinen
2 Scheiben Pumpernickel
1 El Apfelessig
2 El Apfelsaft
4 El Crème fraîche

Die Äpfel waschen, vierteln, entkernen und in Stückchen schneiden. Mit Zitronensaft beträufeln. Die Nüsse hacken und zu den Apfelstückchen geben. Die Rosinen waschen und unterheben.
Den Pumpernickel zerbröseln und zugeben.
Apfelessig und Apfelsaft darübergeben und alles verrühren.
Auf Dessertteller verteilen und mit Crème fraîche krönen.

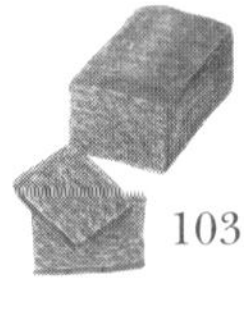

Waldorfsalat auf Pumpernickel

1 Becher Crème fraîche
1/2 Becher Sahne
2 El Öl
2 El Weinessig
Salz, schwarzer Pfeffer
Saft einer halben Zitrone
2 Tl Worcestersoße
4 Scheiben Ananas
1 kleine Sellerieknolle
2 Äpfel
4 Walnüsse
4 Scheiben Pumpernickel
Butter
4 Walnüsse

Crème fraîche mit der Sahne verrühren. Öl, Essig, Salz und Pfeffer zugeben. Mit Zitronensaft und Worcestersoße verfeinern.
In die Soße die kleingeschnittene Ananas mit etwas Fruchtsaft geben, den geschälten und fein geraspelten Sellerie, die geschälten, entkernten und gewürfelten Äpfel und die grob gehackten Walnußkerne. Verrühren und ziehen lassen.

Die Pumpernickelscheiben mit Butter bestreichen und den Waldorfsalat dazugeben. Mit Walnußkernen bestreuen.

Krabbensalat auf Pumpernickel

2 Scheiben Ananas
250g Krabben
50g Erben (TK)
2 El Mayonnaise
3 El Joghurt
4 El Sahne
2 Tl Tomatenketchup
2 El Weißwein
Saft einer halben Zitrone
Salz, Pfeffer aus der Mühle
4 Scheiben Pumpernickel
Butter zum Bestreichen
4 Scheiben gekochter Hinterschinken
Kresse

Die Ananas in kleine Stückchen schneiden und in eine Schüssel geben. Die Krabben zugeben. Die Erbsen in Salzwasser kurz kochen, abtropfen lassen, zu den Krabben geben.
Aus der Mayonnaise, dem Joghurt, der Sahne und dem Tomatenketchup eine Soße herstellen. Weißwein und Zitronensaft zu-

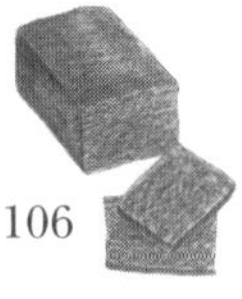

geben. Mit Salz und Pfeffer würzen. Zu den Salatzutaten geben und vorsichtig verrühren.

Die Pumpernickelscheiben mit Butter bestreichen, mit jeweils einer Scheibe gekochtem Schinken belegen.

Darauf den Krabbensalat verteilen. Mit Kresse bestreuen.

Wurst-Apfel-Pumpernickelsalat

250g Schinkenwurst in Scheiben
3 Äpfel
1 milde Zwiebel
1 rote Paprika
2 Scheiben Pumpernickel (zerbröselt)
2 El Öl
2 El Weinessig, 2 El Wasser
Salz und Pfeffer aus der Mühle

Die Schinkenwurst in Stücke schneiden, die Äpfel waschen, schälen, vierteln, entkernen und in Streifen schneiden, die Zwiebel schälen und in dünne Streifen schneiden, die Paprika teilen, Kerngehäuse und Strunk entfernen und in Streifen schneiden. Alles miteinander vermischen. Den Pumpernickel dazu geben.

Aus Öl, Essig, Wasser, Salz, Pfeffer eine Marinade herstellen. Über den Salat geben, vorsichtig vermischen und ziehen lassen. Mit kleingeschnittenem Schnittlauch bestreuen.

Eier- und Mehlspeisen mit Pumpernickel

Feine Kartoffelpuffer mit Pumpernickel-Kräuter-Quark

1 kg Kartoffeln
2 Zwiebeln (geschält und gewürfelt)
2 Eier
2 El Haferflocken
1 Tl Salz
Speiseöl zum Braten
500 g Magerquark
1 Packung Gartenkräuter (TK)
2 Scheiben Pumpernickel
Schnittlauch zum Bestreuen

Die Kartoffeln schälen, waschen und fein reiben. Wasser abgießen. Zwiebelwürfel, Eier, Mehl, Haferflocken, Salz hinzufügen und verrühren. In einer Pfanne Öl erhitzen, den Teig portionsweise hineingeben und von beiden Seiten goldbraun backen.
Den Quark in eine Schüssel geben, die Kräuter unterrühren und den geriebenen Pumpernickel zugeben. Die Kartoffelpuffer mit dem Kräuter-Pumpernickel-Quark servieren. Mit Schnittlauchröllchen bestreuen.

Pumpernickelreibekuchen mit Graved Lachs

1 kg Kartoffeln
2 Eier
1 Tl Salz
2 Zwiebeln
2 El Haferflocken
2 El Mehl
1 Tl Backpulver
2 Scheiben Pumpernickel
Öl zum Braten
200g Graved Lachs
Sahnemeerrettich

Die Kartoffeln schälen, waschen, reiben. Wasser abgießen. Zu der Kartoffelmasse die Eier, Salz, Zwiebeln, Haferflocken, Mehl, Backpulver und den fein geriebenen Pumpernickel geben. Verrühren.
In eine Pfanne Öl geben und darin die Plätzchen von beiden Seiten goldgelb braten.
Anrichten und mit Graved Lachs belegen.
Dazu Sahnemeerrettich.

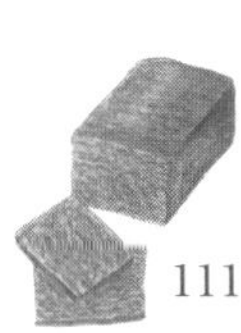

Kartoffel-Pumpernickel-Plätzchen

1kg Kartoffeln
2 Eier
1 El Salz
1 Scheibe Pumpernickel
1 Tl Backpulver
2 Zwiebeln
2 El Mehl
1 El Haferflocken
Öl zum Braten

Die Kartoffeln schälen und reiben. Das sich bildende Wasser abschütten. Die Eier, das Salz, den geriebenen Pumpernickel, das Backpulver, die kleingewürfelten Zwiebeln, das Mehl und die Haferflocken zugeben. Verrühren.
In eine Pfanne Öl geben und darin kleine Plätzchen von beiden Seiten goldbraun braten.

dazu: Apfelmus

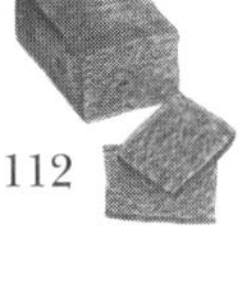

Buchweizenpfannkuchen

500 g Buchweizenmehl
2 Scheiben Pumpernickel
1/2 l Buttermilch
1 Tasse Kaffee
Salz
4 Eier
Schweineschmalz

Buchweizenmehl mit Buttermilch und Kaffee anrühren. Pumpernickel fein reiben und dazugeben.
Eier und Salz gut untermischen, bis der Teig dicklich ist. Kurz quellen lassen.
In einer Pfanne Schmalz auslassen.
Den Teig Löffelweise in die Pfanne geben, Pfannkuchen von beiden Seiten braun backen.

Apfelpfannkuchen mit Pumpernickel-Rübenkraut-Soße

250 g Mehl
3 Eier
Salz
Zucker
1/2 l Milch
abgeriebene Zitronenschale
Butterschmalz zum Backen
250 g Äpfel (geschält, entkernt, in kleine Stückchen geschnitten)
3 El Rübenkraut
4 El Apfelsaft
Saft einer Zitrone
1 Scheibe Pumpernickel
Puderzucker

Mehl, Eier, Salz, Zucker und abgeriebene Zitronenschale zu einem Pfannkuchenteig verarbeiten. Kurz stehen lassen.
Die Masse portionsweise in einer Pfanne von einer Seite goldgelb backen. Die Apfelstückchen in den Teig drücken und von

der anderen Seite backen. Die Pfannkuchen herausnehmen und warm halten.
Das Rübenkraut im heißen Wasserbad auflösen, Apfel- und Zitronensaft zugeben, den feingehackten Pumpernickel einrühren.
Apfelpfannkuchen und Soße auf einem Teller anrichten, mit Puderzucker bestreuen.

Rührei mit Krabben auf Pumpernickel

7 Eier
0,1 l Sahne
Salz, Pfeffer
2 Scheiben fetter Speck
250g Krabben
4 Scheiben Pumpernickel
gesalzene Butter
Schnittlauch zum Bestreuen

Die Eier in eine Rührschüssel geben, mit Sahne, Salz, Pfeffer verrühren.
In einer Pfanne den fetten Speck auslassen und herausnehmen. Die Eiermasse hineingeben. Dann die Krabben zugeben. Wenn die Eier zu stocken beginnen, verrühren und aufpassen, daß nichts anbrennt.
Die Pumpernickelscheiben mit salziger Butter bestreichen. Das Krabbenrührei auf den Brotscheiben verteilen.
Mit kleingeschnittenem Schnittlauch bestreuen.

Nachspeisen mit Pumpernickel

Dickmilch mit Pumpernickel

1 l Milch
1 P. Vanillezucker
250g Zucker
1 Zitrone
2 Blatt Gelatine
3 Scheiben Pumpernickel
100g Bitterschokolade

Die Milch kühl stellen und sauer werden lassen.
Die Milch mit Vanillezucker, Zucker, Saft der Zitrone verrühren. Gelatine nach Anweisung zubereiten, zur Milch geben; kühl stellen und andicken lassen.
Pumpernickel zerbröseln, mit der zerkleinerten Schokolade vermischen und über die Dickmilch geben.

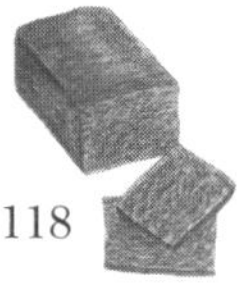

Milchreis mit Pumpernickel

1 l Milch
1 Zimtstange
250 g Milchreis
1 Becher Sahne
2 Scheiben Pumpernickel
2 Tl Zucker
2 Tl Zimt

Die Milch in einem Topf zum Kochen bringen. Die Zimtstange zugeben. Den Reis unter Rühren hineingeben und etwa 45 Minuten schwach köcheln lassen.
Die Zimtstange herausnehmen.
Die Sahne zugeben.
Den Pumpernickel reiben, mit Zucker und Zimt verrühren und über den warmen Milchreis geben.

Bratapfel mit Pumpernickelfüllung

4 Äpfel (z.B. Boskop)
50g Butter
100g Rosinen
100g Haselnüsse (gehackt)
4 TL Johannisbeergelee
1 Scheibe Pumpernickel (zerbröselt)
100 ml Weißwein
Zitronensaft
Butter für die Form

Die Äpfel waschen, den oberen Teil als Deckel abschneiden. Das Kerngehäuse entfernen, etwas aushöhlen und mit flüssiger Butter einpinseln.
Aus den gewaschenen Rosinen, den Haselnüssen, dem Johannisbeergelee, dem Pumpernickel und dem Weißwein eine Masse anrühren. Diese mit etwas Zitronensaft verfeinern.
Im vorgeheizten Backofen in einer eingefetteten Auflaufform bei 200°C etwa 30 Minuten backen.

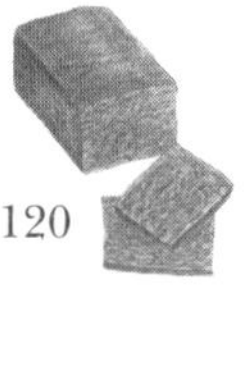

Pumpernickel-Schokoladen-Speise

250 g Zartbitter-Kouvertüre
2 Scheiben Pumpernickel
1 P. Vanillezucker
9 Eiweiß
etwas Zitronensaft
1 Becher Sahne

Die Kouvertüre in ein Gefäß bröckeln und im warmen Wasserbad schmelzen. Den geriebenen Pumpernickel und Vanillezucker zugeben. Eiweiß schlagen, Zitronensaft hinzufügen und den Eischnee unter die Schokoladen-Pumpernickel-Masse heben.
Die Sahne steif schlagen und unterheben.
In Dessertgläser füllen.

Pumpernickel-Frischkäsemousse auf Rhabarberkompott*

(Für 8 Personen)

500g Rhabarber
80 g Zucker
1/4 l Rotwein
0,1 l Grenadinesirup
1 Zimtstange
1/2 Vanillestange
Speisestärke
500g cremiger Magerquark
80g Puderzucker
1 Vanilleschote
2 Scheiben Pumpernickel
5cl Kirschwasser
1/4 l Schlagsahne
Gelatine

Rhabarber waschen und schräg in kleine Stücke schneiden.
Zucker in einer schweren Kasserolle zu Karamel schmelzen, mit dem Rotwein ablöschen, Grenadine und Gewürze zugeben und binden. Rhabarber zugeben und über Nacht

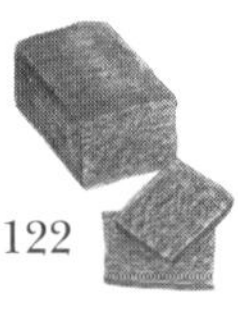

durchziehen lassen.
In einer Schüssel den Magerquark mit dem Zucker und dem ausgekratzten Vanillemark verrühren.
Pumpernickel zerbröseln und mit dem Kirschwasser in einer Schüssel einweichen.
Gelatine in warmen Wasser 5 Minuten einweichen, im heißen Kirschwasser auflösen und sofort unter die Quarkmasse rühren.
In den Kühlschrank stellen, bis die Masse beginnt, fest zu werden.
Sahne steif schlagen und mit der Pumpernickelmasse vorsichtig unter die Creme heben. Mindestens 6 Stunden im Kühlschrank fest werden lassen.
Zum Servieren Rhabarberstücke auf einem Teller sternförmig anrichten, etwas Soße angießen und mit einem heißen Löffel Nocken der Mousse in die Mitte setzen.

Schwarzbrot-Pudding mit Mandeln

(historisches Rezept von Henriette Davidis)
für 10-12 Personen

Bei 10-12 Personen bedarf man 250g altes geriebenes und durchgesiebtes Schwarzbrot, 125g Butter, ein Glas Rotwein, 10 Eier, 250g durchgesiebten Zucker, 125g geriebene Mandeln, einen Teelöffel voll Zimt, abgeriebene Schale einer halben Zitrone und zwei Messerspitzen zerstoßene Kardamon-Körner, sowie etwas Salz.

Das Schwarzbrot wird mit der Butter über Feuer eine Weile gerührt, dann der Wein dazu gegeben. Sobald es etwas abkühlt, fügt man das Übrige nach und nach unter starkem Rühren hinzu und mischt den steifen Schaum, wie immer, zuletzt durch die Masse. Man kocht den Pudding 2-2 1/2 Stunden und gibt eine Rotweinsauce dazu.

Pumpernickel mit Joghurt-Quark

250g Joghurt
250g Magerquark
Salz, Pfeffer
4 Scheiben Pumpernickel
Schnittlauch (zum Garnieren)

Joghurt und Magerquark in eine Schüssel geben, mit einem Schneebesen verrühren. Mit Salz und Pfeffer würzen.
Die Masse auf Pumpernickelscheiben verteilen.
Mit Schnittlauchröllchen bestreuen.

Pumpernickel-Sahne-Dessert

100g Vollmilchschokolade
4 Scheiben Pumpernickel
2 El Zucker
Johannisbeergelee
2 Becher Sahne

Schokolade und Pumpernickel zerreiben, mit dem Zucker gut vermischen. Je nach persönlicher Vorliebe Johannisbeergelee darunterrühren.
Sahne schlagen.
In eine Schüssel wechselweise Sahne und Pumpernickel-Masse schichten.
Mit Sahne abschließen. Mit Schokoraspeln verzieren.

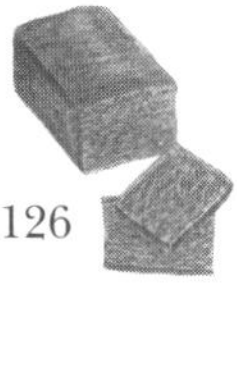

Pumpernickel-Bananen-Dessert

4 Bananen
100g Zartbitterschokolade, gerieben
2 Scheiben Pumpernickel, gerieben
50g Rosinen
4 El Crème fraîche

Die Bananen von der Schale befreien, in dünne Scheiben schneiden und in eine Schüssel geben. Darüber die geriebene Schokolade, den geriebenen Pumpernickel und die gewaschenen Rosinen geben. Vorsichtig unterheben.
Auf Dessertteller verteilen und mit einem Schlag Crème fraîche garnieren.

Vanille-Pumpernickel-Pudding

½ l Milch
1 Vanilleschote
1 Prise Salz
10 Blatt Gelatine
3 EL warmes Wasser
3 Eigelb
100g Zucker
¼ l Sahne
4 Scheiben Pumpernickel
50g Schokolade (gerieben)

Die Milch in einen Topf geben, eine aufgeschnittene Vanilleschote und das Salz dazu geben. Aufkochen lassen.
Die Gelantine in etwas warmem Wasser auflösen.
In eine Rührschüssel das Eigelb geben. Schaumig schlagen. Zucker zugeben. Etwas von der heißen Milch zugeben und schaumig schlagen. Die Gelatine in die heiße Milch geben, dann die Milch in eine Rührschüssel geben. Verrühren und kalt stelllen.
Wenn die Masse beginnt, dick zu werden, die geschlagene Sahne und den

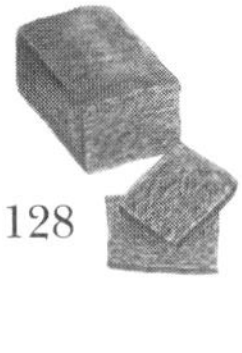

geriebenen Pumpernickel unterheben. Die Crème in eine Glasschüssel füllen und kalt stellen.
Mit geriebener Schokolade bestreuen.

Pumpernickelspeise mit frischen Früchten

125g Pumpernickel
100g Zartbitterschokolade
1 P. Vanillezucker
500g Früchte (Erdbeeren, Johannisbeeren, Kirschen, auch gemischt)
Zucker nach Bedarf
2 El Speisestärke
1/4 l Sahne

Den Pumpernickel reiben, mit der geriebenen Schokolade vermischen. Den Vanillezucker zugeben. Die gezuckerten, aufgekochten und mit Speisestärke angedickten Früchte in eine Schüssel geben und abkühlen lassen.
Darauf die Pumpernickel-Schokoladenmasse geben.
Mit der geschlagenen Sahne servieren.

Pumpernickelquark mit Kirschen

500g Süßkirschen
Wasser
2 El Zucker
1 Schnapsglas Kirschwasser
500g Speisequark
0,2 l Milch
1 P. Vanillezucker
0,25l Sahne
2 Scheiben Pumpernickel

Die Kirschen entstielen, waschen und entsteinen. Mit etwas Wasser und Zucker in einen Topf geben und kurz aufkochen lassen. Das Kirschwasser zugeben. Abkühlen lassen.
Den Speisequark in eine Rührschüssel geben. Mit Milch und Vanillezucker anrühren. Die Sahne steif schlagen und unter den Quark heben.
Früchte und Sahnequark auf Dessertteller geben. Mit dem geriebenen Pumpernickel bestreuen.

Westfalencreme mit frischen Erdbeeren

1/2 l Sahne
2 Tl Zucker
250 g Pumpernickel, gerieben
500 g Erdbeeren, gewaschen, entstielt und halbiert
etwas Rum

In eine Glasschüssel wird zuerst gesüßte geschlagene Sahne gegeben, darüber der geriebene Pumpernickel gestreut.
Die mit Rum beträufelten Erdbeeren vorsichtig auf die Masse geben.
Den Vorgang wiederholen.
Masse kalt stellen und servieren.

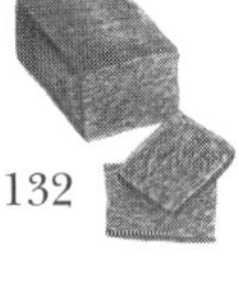

Exotische Fruchtcreme

2 Becher Schmand
6 El Apfelsinensaft
3 El Zucker
2 El Obstler
2 Scheiben Pumpernickel
6 Litschis
1 Mango
2 Kiwis

Schmand mit Apfelsinensaft, Zucker und Obstler zu einer glatten Creme verrühren. Kühl stellen.
Litschis, Mango und Kiwis schälen und in dünne Streifen schneiden. Mit wenig Obstler beträufeln und Früchte ziehen lassen.
Pumpernickel zerbröseln, unter die Früchte heben. Alles auf die Creme geben.
Mit Sahne verzieren und sofort servieren.

Fruchtsalat

2 Bananen
2 Kiwis
1 Apfel
1/2 Honigmelone
1 Apfelsine
1 Mango
4 El Rosinen
2 El gemahlene Haselnüsse
3-4 El Honig
Zitronensaft
1 Becher Schmand
Vanillezucker
2 Scheiben Pumpernickel

Die Früchte verzehrfertig vorbereiten und in Würfel bzw. Scheiben schneiden. Mit Zitronensaft beträufeln. In eine große Schüssel geben; Rosinen und Haselnüsse vorsichtig unterheben, ebenso den Honig. Im Kühlschrank ziehen lassen. Pumpernickel zerreiben und unterheben. Schmand mit etwas Zitronensaft und Vanillezucker zu einer Creme verrühren.
Den Fruchtsalat in Dessertschüsseln geben und mit der Creme krönen.

Winterobstsalat mit Äpfeln

2 Orangen, 2 Äpfel
2 Birnen
2 El Zucker
1/2 Zitrone
40g Haselnüsse (grob gehackt)
40g Rosinen
1 Scheibe Pumpernickel (vom Vortag)
20 ml Rum
1 Becher Sahne

Die Orangen schälen und das Fruchtfleisch würfeln. Äpfel und Birnen schälen, entkernen und ebenfalls würfeln.
Das Obst in eine Glasschüssel geben, den Zucker und den Saft einer halben Zitrone sowie die Haselnüsse zugeben.
Den Pumpernickel zerbröseln, Rosinen waschen und zugeben, ebenso den Rum. Verrühren und ziehen lassen.
Die Pumpernickel-Rosinenmischung zu dem Obstsalat geben und vorsichtig verrühren. Ziehen lassen.
Sahne schlagen und damit den Obstsalat krönen.

Pumpernickelcrème mit Pflaumenkompott*

2 1/2 kleine Scheiben Pumpernickel
1/8 l Milch
2 cl Zwetschgenwasser
50 g Zucker
1 Vanilleschote
1/8 l Milch
4 Blatt Gelatine
2 Eigelb
50 g Zucker
1/4 l Sahne
500 g Pflaumen
1/4 l Rotwein
3 El Zucker
3 Nelken
1/2 Zimtstange

Den Pumpernickel zerbröseln und mit Milch, Zucker und Zwetschgenwasser etwa vier Stunden zugedeckt einweichen.
Vanille aus der Schote kratzen, in die Milch geben und zum Kochen bringen, durch ein Sieb schütten. Gelatine einweichen.

Eigelb mit Zucker schaumig rühren, warme Milch langsam zugeben und zurück in den Topf geben. Bei schwacher Hitze eine abgeschlagene Crème bereiten, ausgedrückte Gelatine dazugeben. Pumpernickel ausdrücken und unterheben.

Masse erkalten lassen. Die Sahne steif schlagen und mit einem Teigschaber unter die abgekühlte Crème heben. Crème zugedeckt im Kühlschrank ca. 6 Stunden festwerden lassen. Mit einem Messer vom Tassenrand lösen und auf einen flachen Teller setzen.

Pflaumen waschen, halbieren und entkernen. Den Rotwein mit 1/4 l Wasser, Zucker und Gewürzen aufkochen und die Pflaumen darin ca. 3 Minuten kochen, mit der Schaumkelle herausnehmen und den Sud einkochen lassen.

Mit der kalten Crème servieren.

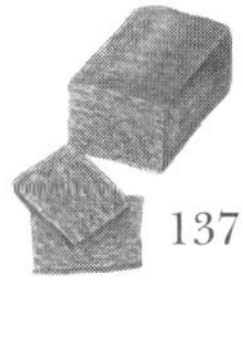

Erdbeeren mit Pumpernickelsahne

1 kg frische Erdbeeren
einige Tropfen Zitronensaft
4 Tl Zucker
1 Becher Sahne
1 Scheibe Pumpernickel
etwas Mandellikör

Die Erdbeeren von den Stielen befreien, waschen und gut abtropfen lassen. In eine Schüssel geben, mit Zitronensaft beträufeln und mit Zucker bestreuen. Ziehen lassen. Die Sahne schlagen, den geriebenen Pumpernickel unterheben.
Die gut durchgezogenen Erdbeeren auf Dessertteller verteilen, Sahne darüber geben und mit etwas Mandellikör beträufeln.

Rote Grütze mit Pumpernickelsahne

0,2 l Rotwein
50g Zucker
1 P. Vanillezucker
1 El Speisestärke
200g Johannisbeeren,
Himbeeren o.ä.
1 Becher Sahne
1 Scheibe Pumpernickel
40 g Schokolade

Den Rotwein in einen Topf geben, erhitzen, Zucker und Vanillezucker hineingeben, verrühren und aufkochen lassen.
Mit Speisestärke andicken und die Beeren hineingeben.
Die Sahne schlagen, den geriebenen Pumpernickel und die geriebene Schokolade unterheben. Die Rote Grütze heiß auf Dessertteller geben, die geschlagene Sahne dazu servieren.

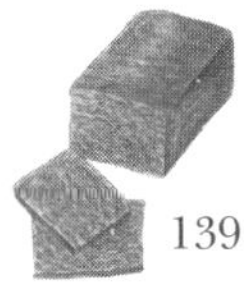

Herbstlicher Früchte-Cocktail

3 Äpfel
1 Birne
1/2 Honigmelone
200g Weintrauben
4 Scheiben Ananas
2 Scheiben Pumpernickel
50g Mandeln (gestiftet)
50g Haselnüsse (gehackt)

Die Äpfel und Birnen waschen, vierteln, entkernen und in Stücke schneiden. Die Honigmelone in Spalten schneiden, entkernen, schälen und in Stückchen schneiden.
Die Früchte mischen, gewaschene Weintrauben und die in Stücke geschnittenen Ananasscheiben zugeben und verrühren.
Den Pumpernickel zerbröseln, mit den Mandelstiften und den gehackten Haselnüssen vermischen und über den Fruchtcocktail streuen.

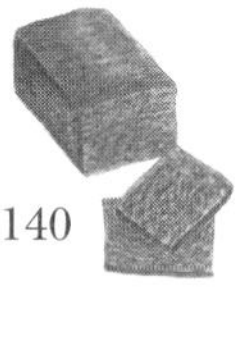

Warmes Pumpernickeldessert mit Kirschen

2 Scheiben Pumpernickel
1/2 Glas Sauerkirschen, entsteint
2 EL Weinbrand
Zucker
1 Becher Sahne

Den Pumpernickel zerbröseln; Kirschen mit Flüssigkeit in einen Topf geben, den Pumpernickel dazu und kurz aufkochen lassen. Weinbrand zugeben.
Auf Dessertteller verteilen, zuckern und mit flüssiger Sahne begießen.

Pumpernickel-Kirsch-Dessert

125 g Zartbitterkouvertüre
125 g Pumpernickel
1/2 Glas Sauerkirschen
3 El Zucker
1 P. Vanillezucker
1 Schnapsglas Kirschwasser
2 El Speisestärke
1 Becher Sahne
1/2 Scheibe Pumpernickel

Die Kouvertüre im Wasserbad schmelzen. Den geriebenen Pumpernickel unterheben.
Die Kirschen mit Flüssigkeit in einen Topf geben, Zucker und Vanillezucker zugeben, zum Kochen bringen, Kirschwasser zugeben und mit Speisestärke andicken.
Die Sahne schlagen.
Warme Kirschen und Schokoladen-Pumpernickelmasse in Dessertgläser schichten.
Sahne daraufgeben und mit Pumpernickelbrösel bestreuen.

Pumpernickel-Stracciatella-Eistorte

2 El Wasser
5 Eiweiß
125g Zucker
125g gemahlene Haselnüsse
125g gemahlene Mandeln
1 l Sahne
2 P. Vanillezucker
2 P. Sahnesteif
150g geriebene Kouvertüre (Zartbitter)
3 Scheiben Pumpernickel (fein geraspelt)
Pistazienkerne

Das Wasser in eine Rührschüssel geben. Eiweiß zugeben und zu Eischnee schlagen. Zucker, Vanillezucker, Nüsse und Mandeln zugeben.
Die Crème in eine Springform geben und im vorgeheizten Backofen bei 175°C etwa 25 Minuten backen. Abkühlen lassen.
Die Sahne mit Vanillezucker und Sahnesteif schlagen. Die geriebene Kouvertüre und den fein geraspelten Pumpernickel vorsichtig

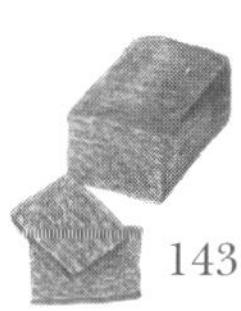

unterheben.
Die Masse auf den Boden geben, in die Tiefkühltruhe stellen und gefrieren.
Mit gehackten Pistazienkernen vor dem Servieren bestreuen.

Kleine Imbisse mit Pumpernickel

„Mönch mit Nonne"

8 Scheiben Weißbrot
(Bauernstuten)
Butter
8 Scheiben junger Gouda
4 Scheiben Pumpernickel

Das Weißbrot üppig mit Butter bestreichen. Den Käse üppig darauflegen. Die Pumpernickelscheiben halbieren und auf den Käse legen.
Die Schnitten halbieren und servieren.

Statt Käse ist es auch möglich, lufttrockene Mettwurst, Schinken oder Leberwurst zu nehmen.
Dann gehören auch Gewürzgurken dazu.

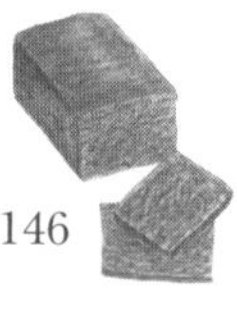

Pumpernickel-Käse Häppchen

12 Scheiben Pumpernickel
12 Scheiben Gouda
Butter zum Bestreichen

Den Pumpernickel mit Butter bestreichen und den Käse auflegen. Jeweils 4 Scheiben aufeinanderschichten. Diese jeweils vierteln und nochmals diagonal durchschneiden.
Mit Zahnstochern durchstechen und als Häppchen reichen.

Herzhafte Pumpernickel-Kräuter-Torte

Boden:

60 g Butter
1 Eiweiß
150 g Mehl
1 El Wasser
etwas Salz
Butter zum Einfetten

Belag:

8 Scheiben Pumpernickel
5 Tomaten
100 g Butter
400 g Frischkäse
250 g Quark
125 g Crème fraîche
1 Eigelb
Pfeffer, Salz
5 El Milch
1 Bund Petersilie
1 Bund Dill
1 Bund Schnittlauch
6 Blatt Gelantine

In einer Schüssel aus der Butter, dem Eiweiß, dem Mehl, dem Wasser und dem Salz

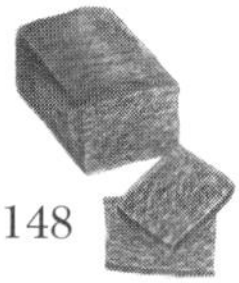

einen Teig rühren. Diesen in eine gefettete Backform geben und im vorgeheizten Backofen 10 Minuten bei 200°C backen. Herausnehmen und auf einem Sieb auskühlen lassen.
Den Pumpernickel zerbröseln. Die Tomaten in dünne Scheiben schneiden.
In eine Schüssel Butter, Frischkäse, Quark, Crème fraîche, Eigelb, Pfeffer, Salz, Milch geben und verrühren.
Die fein gehackten Kräuter unterheben.
Die Gelantine in warmem Wasser auflösen. Zu der Crème geben.
Schichtweise Crème, Pumpernickelbrösel, Tomatenscheiben, Crème, Pumpernickelbrösel, Tomatenscheiben, Crème auf den mit einem Tortenring umrandeten Boden geben.
Mit Kräutern garnieren.
Mehrere Stunden kalt stellen.

Münsterländisches Bauern-Schinken-Brot

12 Scheiben Bauernstuten
Butter zum Bestreichen
250 g lufttrockener Knochenschinken
12 Scheiben Pumpernickel

Die Brotscheiben mit Butter bestreichen, halbieren und gut mit Schinken belegen. Auf die Brote jeweils eine halbe Scheibe Pumpernickel legen.

Dazu: einen Korn und ein Bier

Kuchen, Torten und Gebäck mit Pumpernickel

Pumpernickel-Torte

150g Butter
200g Zucker
6 Eigelb
50g gemahlene Mandeln
50g geriebene Schokolade
etwas Zitronensaft, etwas Arrak
Koriander
150 g getrockneter Pumpernickel
etwas Rotwein
100g Mehl, 6 Eiweiß
1 P. Backpulver

Butter, Zucker und Eigelb schaumig rühren. Mandeln, Schokolade, Zitronensaft, Arrak, Koriander zugeben und gut durcharbeiten.
Den getrockneten Pumpernickel zerreiben und mit etwas Rotwein anfeuchten. Unter die Masse mischen.
Aus dem Eiweiß Eischnee schlagen und die Hälfte unter die Masse geben.
Den Rest des Eischnees mit Mehl und Backpulver vermischen.
Den Teig in eine Springform füllen und bei 175°C etwa 50 Minuten backen.

Kartoffel-Pumpernickel-Torte

250g Kartoffeln
Salz
6 Eigelb
150g Zucker
1 P. Vanillezucker
Schale einer Zitrone
2 Scheiben Pumpernickel
125g gehackte Walnüsse
6 Eiweiß
50g Halbbitterschokolade

Die Kartoffeln schälen, in Salzwasser 20 Minuten kochen, abgießen, durch eine Kartoffelpresse drücken und abkühlen lassen.
Eigelb schaumig schlagen, Zucker, Vanillezucker und abgeriebene Zitronenschale hinzufügen und verrühren.
Geriebenen Pumpernickel, gehackte Walnüsse und die Kartoffelmasse dazugeben.
Eiweiß schlagen, zugeben, ebenso die geraspelte Schokolade.
Die Masse in eine gefettete Springform geben und bei 175°C etwa 60 Minuten backen.
Die Schokolade im Wasserbad erwärmen

und auf dem erkalteten Kuchen verteilen.

Nuss-Pumpernickel-Kuchen

250g Butter
125g Zucker
4 Eier
1 Schnapsglas Rum
250g Mehl
1/2 P. Backpulver
2 Scheiben geriebener Pumpernickel
100g geriebene Blockschokolade
200g gemahlene Haselnüsse
Milch
100 g Schokolade
100g gehackte Nüsse
1 Scheibe Pumpernickel

Die Butter schaumig rühren. Zucker, Eier und Rum hinzufügen. Mehl mit dem Backpulver vermischen, sieben und zu dem Teig geben. Pumpernickel, Schokolade und Nüsse unterheben. Ggf. etwas Milch hinzugeben.
Den Teig in eine gefettete Kuchenform geben und im vorgeheizten Backofen bei 175°C etwa 60 Minuten backen.
Kuchen abkühlen lassen.
Schokolade im Wasserbad schmelzen.

Über den Kuchen geben. Mit gehackten Nüssen und geriebenem Pumpernickel bestreuen.

Ferrero Rocher Torte mit Pumpernickel

125g Puderzucker
5 Eier
1 P. Vanillezucker
30g Mehl
1 Tl Backpulver
2 Scheiben Pumpernickel (zerbröselt)
50g Haselnüsse (gemahlen)
100g Zartbitterschokolade (gerieben)
Butter und Paniermehl
für die Form

1/2 l Sahne
1 P. Sahnesteif
1 P. Ferrero Rocher
1 Scheibe Pumpernickel (zerbröselt)
50g Zartbitterschokolade (gerieben)
1/2 P. Ferrero Rocher

Aus Zucker, Eiern, Vanillezucker, Mehl Backpulver, Pumpernickelbrösel, Nüssen, Schokolade einen Teig in einer Rührschüssel herstellen. Diesen in eine gefettete Springform füllen und im vorgeheizten Backofen bei 175°C

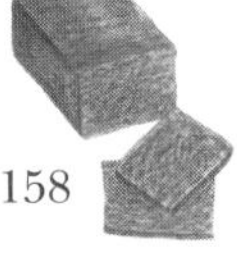

etwa 30 Minuten backen.
Die Sahne mit Sahnesteif schlagen, die zerkleinerten Ferrero-Rocher unterheben und auf dem erkalteten Boden verteilen.
Mit einem Schokolade-Pumpernickel-Gemisch bestreuen. Mit halbierten Rocherkugeln verzieren.

Eierlikörtorte mit Pumpernickelbiss

80g Butter
80g Zucker
1 P. Vanillezucker
2 El Rum
5 Eigelb
150g gemahlene Mandeln
1 TL Backpulver
100g geriebene Zartbitterschokolade
5 Eiweiß
1/2 l Sahne
1 P. Sahnesteif
50g Schokolade
2 Scheiben Pumpernickel
0,1 l Eierlikör

Butter in eine Rührschüssel geben und schaumig rühren. Zucker, Vanillezucker, Rum und Eigelb zugeben. Die Mandeln mit dem Backpulver vermischen. Die geriebene Schokolade dazugeben und alles unterrühren. Das Eiweiß steif schlagen und vorsichtig unterheben.
Den Teig in eine gefettete Springform geben und im vorgeheizten Backofen bei etwa

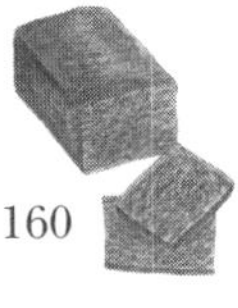

170°C 45 Minuten backen.
Den Boden herausnehmen, auf ein Gitter geben und auskühlen lassen.
Die Sahne mit Sahnesteif schlagen, mit der geraspelten Schokolade und dem geriebenem Pumpernickel vermischen und auf dem Boden verteilen.
Darüber den Eierlikör dünn verteilen.

Klassische Philadelphiatorte mit Pumpernickel-Schokoladen-Deckel

150g Löffelbiskuits
125g Butter
600g Philadelphia-Frischkäse
250g Joghurt
3 El Sauerrahm
Saft einer halben Zitrone
50g Zucker
0,15l Wasser
1 P. Tortenguß, klar
50g Zartbitterschokolade
1 Scheibe Pumpernickel

Die Löffelbiskuits mit einer Reibe zerbröseln. Die weiche warme Butter mit den Bröseln verkneten. Die Masse in eine mit Backpapier ausgelegte Springform drücken.
Den Frischkäse in eine Rührschüssel geben. Mit Joghurt, Sauerrahm, Zitronensaft und Zucker verrühren. In einen Topf das Wasser geben, Tortenguß hinzufügen und aufkochen lassen.
Den Tortenguß zu der Frischkäsemasse

geben.
Die Masse in die Springform geben und mehrere Stunden kalt stellen.
Schokolade und Pumpernickel reiben, vermischen und über den Kuchen geben.

Erdbeertorte mit Pumpernickelquark

Boden:

50g Butter
1 Eigelb
1 P. Vanillezucker
60g Puderzucker
Butter zum Einfetten

Belag:

50g Blockschokolade
3 Scheiben Pumpernickel
250g Sahnequark
700g Erdbeeren
1 P. Tortenguss (rot)

Butter, Eigelb, Vanillezucker und Puderzucker in einer Schüssel zu einem Teig verrühren. In eine gefettete Tortenform geben und bei 175°C etwa 25 Minuten backen.
Den Boden herausnehmen, auf ein Sieb stürzen und auskühlen lassen.
Die Blockschokolade zerkleinern, im Wasserbad schmelzen, auf den ausgekühlten Tortenboden geben und auskühlen lassen.

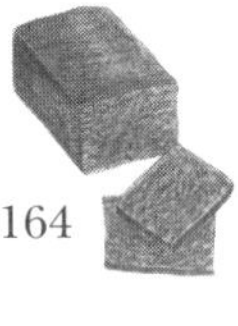

Den Pumpernickel zerbröseln, mit dem Quark vermischen und auf den Tortenboden geben.
Die Erdbeeren waschen, entstielen, evtl. halbieren und auf dem Tortenboden verteilen.
Tortenguß nach Packungsanweisung zubereiten und über die Erdbeeren geben.
Kühl stellen.

Pumpernickeltorte mit Schwarzwälder Kirschen

Teig:
100g Pumpernickel
100g Löffelbiskuits
50g Mandelblätter (in der Pfanne rösten)
50g Zucker
80g Butter

Füllung:
1 Glas Sauerkirschen
5 El Schwarzwälder Kirschwasser
Zucker
3 El Speisestärke

Beleg:
1 Becher Sahne
1 Scheibe Pumpernickel
50g Zartbitter-Schokolade

Den Pumpernickel und die Löffelbiskuits fein reiben. Geröstete Mandelblätter und Zucker zugeben. Die Masse mit der Butter vermischen und als Teig auf den Boden der Springform drücken. Den Rand leicht

hoch drücken. Kalt stellen.
Sauerkirschen mit Flüssigkeit in einen Topf geben, Schwarzwälder Kirschwasser und nach Bedarf Zucker zugeben. Aufkochen lassen und mit Speisestärke binden.
Kirschmasse auf dem Boden verteilen. Kalt stellen.
Sahne steif schlagen und über die Kirschmasse streichen.
Pumpernickel und Zartbitterschokolade reiben und damit die Torte bestreuen.

Pumpernickel-Rotwein-Kuchen

150 g Butter
150 g Zucker
1 P. Vanillezucker
3 Eier
250 g Mehl
1/2 P. Backpulver
3 Scheiben geriebener Pumpernickel
75 g Zartbitterschokolade (geraspelt)
1/2 Glas Rotwein
Butter zum Einfetten

Die Butter in einer Rührschüssel schaumig schlagen, Zucker, Vanillezucker, Eier zugeben und verrühren. Mehl und Backpulver unterheben, den geriebenen Pumpernickel, Kakaopulver, geraspelte Schokolade und den Rotwein zugeben und verrühren.
Den Teig in eine gefettete Kuchenform geben. Bei 175 °C im vorgeheizten Backofen etwa 70 Minuten backen.

Einfacher Pumpernickel-Gewürzkuchen

125 g Butter
250 g Zucker
4 Eier
350 g Mehl
1/2 P. Backpulver
1 Tl gemahlene Nelken
1 Tl Zimt
1 Tl geriebene Muskatnuss
100 g gehackte Schokolade
3 Scheiben geriebener Pumpernickel
etwas Milch
Butter zum Einfetten

Die Butter in eine Rührschüssel geben und schaumig rühren. Zucker und Eier nach und nach zugeben. Mehl und Backpulver unterheben. Die Gewürze (Nelken, Zimt, Muskatnuss), die gehackte Schokolade und den geriebenen Pumpernickel zugeben. Bei Bedarf noch etwas Milch unterrühren.
Den Teig in eine gefettete Springform geben und bei 175°C im vorgeheizten Backofen etwa 75 Minuten backen.

Weihnachtlicher Glühweinkuchen mit Pumpernickel

3 Eigelb
250g Zucker
1 Prise Salz
250g Mehl
1/2 P. Backpulver
100g Pumpernickel
2 El Rum
halbe Zitrone
50g Zitronat
100g Haselnüsse (gemahlen)
100g geriebene Blockschokolade
3 Eiweiß
0,1 l Glühwein
Puderzucker

Eigelb schaumig schlagen, Zucker hinzugeben, Salz, Mehl, Backpulver, Pumpernickelbrösel, Rum, abgeriebene Zitronenschale, Zitronat, Haselnüsse, Schokolade unterheben. Ebenso den Eischnee.
Den Teig in eine gefettete Rodonkuchenform

geben. Bei 175°C etwa 60 Minuten backen.
Nach dem Erkalten des Kuchens diesen mit einem Holzspieß einstechen und den Glühwein einträufeln.
Den übrigen Glühwein erwärmen, Puderzucker hinzugeben und mit der Masse den Kuchen überziehen.

Gewürzkuchen mit Pumpernickel

250g Mehl
4 Eier
100g Butter
1 P. Backpulver
125g Zucker
1 Scheibe Pumpernickel
100g gemahlene Haselnüsse
100g gemahlene Mandeln
2 Äpfel (geschält, entkernt, grob gerieben)
1 Tl Zimt
150g Bitterkouvertüre

Das Mehl in eine Rührschüssel geben. Die Eier und die Butter hineingeben und verrühren. Backpulver, Zucker, Pumpernickelbrösel, Nüsse, Mandeln, Äpfel und Zimt zugeben und einen Teig kneten.
In einer gefetteten Backform bei 180°C etwa 1 Stunde backen.
Erkalten lassen. Mit Kouvertüre überziehen: Schokolade dazu im warmen Wasserbad auflösen und auf den Kuchen geben.

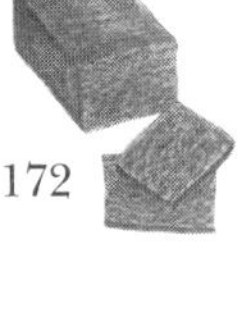

Westfälische Spezialitäten mit Pumpernickel

Honigmelone mit Westfälischem Knochenschinken auf Pumpernickel

1 Honigmelone
8 Scheiben Pumpernickel
Butter
400g Knochenschinken, luftgetrocknet

Die Honigmelone vierteln, entkernen und in Spalten schneiden.
Die Pumpernickelscheiben mit Butter bestreichen, auf Teller verteilen und mit Schinkenscheiben belegen.
Die Melonenspalten zugeben.

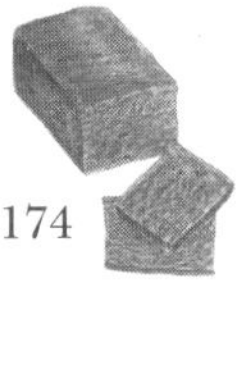

Münsterländische Reibeplätzchen

10 große Kartoffeln
3 Zwiebeln
3 Eier
3 El Haferflocken
1 El Salz
Speiseöl, Schmalz
Rübenkraut zum Bestreichen
125 g geriebener Pumpernickel

Die Kartoffeln werden grob gerieben. Zu der Masse die kleingeschnittenen Zwiebeln, die Eier, die Haferflocken geben und verrühren. Salzen. Speiseöl und Schmalz in einer Pfanne erhitzen, darin die Kartoffelmasse portionsweise geben und etwa 15 Zentimeter im Durchmesser große Plätzchen backen, die beidseitig knusprig braun sind.
Die Reibeplätzchen von der einen Seite mit Rübenkraut bestreichen und mit den geriebenen Pumpernickelbröseln bestreuen.

Dazu wird Apfelmus gereicht.

Westfälischer Sauerbraten mit Rosinen-Pumpernickel-Soße

1 kg Rinderschmorbraten
1/2 l Wasser
1/2 l Rotweinessig
2 Zwiebeln
4 Gewürznelken
Pfefferkörner
1 Zweig Thymian
Suppengrün (Möhren, Porree, Sellerie)
Salz, Pfeffer
Fett zum Braten
50g Rosinen (gut gewaschen)
2 Scheiben Pumpernickel
2 El Speisestärke

Das Fleisch gut abwaschen, trocken tupfen und in einen Topf geben. Die Marinade zugeben: Dazu Wasser, Rotweinessig, die geschälten und in Ringe geschnittenen Zwiebeln, die Gewürznelken und Pfefferkörner, den Thymian und das Suppengrün in den Topf geben. Im verschlossenen Topf etwa eine Woche ziehen lassen. Das Fleisch gelegentlich

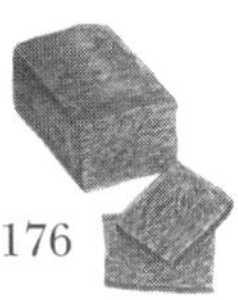

wenden.
Das Fleisch herausnehmen, trocken tupfen, mit Salz und Pfeffer einreiben und in einem Brattopf mit Bratfett von allen Seiten gut anbraten. Das Suppengrün kurz mitdünsten. Mit einem Teil der durchgesiebten Marinade ablöschen.
Die gewaschenen Rosinen und die Pumpernickelbräsel zugeben.
Etwa 2 Stunden schmoren lassen. Das Fleisch herausnehmen und warm stellen.
Das Suppengrün herausnehmen.
Aus dem Fond mit Speisestärke eine Soße herstellen. Ggf. noch etwas Marinade zugeben.

als Beilage: Rotkohl, Rosenkohl oder Apfelmus mit geriebenem Pumpernickel

Porree-Pumpernickel-Salat

5 Stangen Porree
1 kleine Dose Ananas (in Stücken)
2 Scheiben Pumpernickel
1 Becher Crème fraîche
1 Becher Joghurt
3 EL Ananassaft
Salz, Pfeffer
Schnittlauch zum Garnieren

Den Porree putzen, der Länge nach durchschneiden und in sehr dünne Scheiben schneiden. Waschen und gut abtropfen lassen. Ananas abtropfen lassen und in kleine Stückchen schneiden.
Porree und Ananas in eine Salatschüssel geben. Den Pumpernickel grob reiben und zugeben.
Aus Crème fraîche, Joghurt, Ananassaft, Salz und Pfeffer eine Soße herstellen.
Über den Salat geben und durchziehen lassen. Mit Schnittlauchröllchen bestreuen.

Drensteinfurter Stippmilch mit Zimt

1000 g Schichtkäse
1/4 l Milch
etwas Zucker
1 Scheibe Pumpernickel
1 El Zucker
1 Tl Zimt

Den Schichtkäse in eine Rührschüssel geben. Die Milch zugeben und mit Zucker nach Geschmack verrühren.
Die Stippmilch in eine Glasschüssel füllen. Den Pumpernickel fein reiben, mit Zucker und Zimt vermischen und über die Stippmilch streuen.

Sauerrahm mit geriebenem Pumpernickel

½ l Sauerrahm
1 P. Vanillezucker
125 g Puderzucker
abgeriebene Schale einer Zitrone
3 Scheiben Pumpernickel
100 g Blockschokolade (bitter)
100 g Walnüsse (grob gehackt)

In den Sauerrahm Vanillezucker, Puderzucker, abgeriebene Zitronenschale geben.
Den Pumpernickel reiben, die Schokolade reiben und mit den gehackten Walnüssen vermischen.
Die Sauerrahmmasse auf Dessertteller verteilen.
Mit der Pumpernickel-Schokolade-Walnußmischung bestreuen.

Münsterländische Quarkspeise

500g Sahnequark
0,2 l Milch
2 El Zucker
1 P. Vanillinzucker
2 Scheiben Pumpernickel
75g Bitterschokolade
2 El Zucker
1 Glas Sauerkirschen (entsteint)
3 El Rum

Den Sahnequark in eine Rührschüssel geben, mit Milch, Zucker und Vanillinzucker verrühren.
Den geriebenen Pumpernickel, die geriebene Schokolade und den Zucker zu einer Masse verrühren.
Die Sauerkirschen abtropfen lassen und mit Rum vermischen.
Lagenweise (Quark unten, Pumpernickel-Schokolade, Kirschen) in eine Schüssel geben. Mit geschlagener Sahne verzieren.

Westfälische Herrencreme

Creme:
1 P. Vanillepudding zum Kochen
1/2 l Milch
5 El Rum
75 g Schokolade (halbbitter, gerieben)
1 Scheibe Pumpernickel
1/4 l Sahne

zum Bestreuen:
50 g Schokolade (halbbitter, gerieben)
1 Scheibe Pumpernickel

Den Vanillepudding nach Packungsanweisung mit der Milch herstellen. Nach dem Kochen abkühlen lassen und kalt stellen.
Den Rum zugeben. Die geriebene Schokolade und den geriebenen Pumpernickel unterheben.
Die Sahne steif schlagen und unter den Pudding heben.
Mit geriebener Schokolade und Pumpernickel bestreuen.

Westfälisches Pumpernickel-Kirsch-Dessert

1 Glas Sauerkirschen
125 g Zucker
3 Tl Kirschwasser
250 g Pumpernickel
2 Tl Kirschwasser
100 g Zartbitterschokolade
250 g Sahne
1 P. Vanillezucker

Die Kirschen mit dem Saft in einen Topf geben, zuckern und kurz aufkochen lassen. Kirschwasser zugeben.
Den Pumpernickel zerbröseln, Kirschsaft von den Kirschen, Kirschwasser zugeben. Abkühlen lassen. Dann die geriebene Schokolade zugeben.
Sahne mit Vanillezucker steif schlagen.
Pumpernickel-Schoko-Masse, Kirschen und Sahne in eine Schüssel schichten.
Mit geriebenem Pumpernickel und Blockschokolade garnieren.

Westfälischer Kirsch-Streusel-Kuchen

250g Butter
250g Zucker
1 P. Vanillezucker
2 Eier
1 Prise Salz
500g Mehl
1 P. Backpulver
Paniermehl
750g Kirschen
2 Schnapsgläser Kirschwasser
1 Scheibe Pumpernickel

Die Butter schaumig rühren, Zucker, Vanillezucker, Eier, Salz zugeben. Mehl und Backpulver so unterheben (mit der Hand), daß ein krümeliger Teig entsteht.
Die Hälfte des Teigs in eine gefettete Springform geben, den Rand etwas hochdrücken und mit Paniermehl bestreuen. Die entkernten Kirschen in Schwarzwälder Kirschwasser ziehen lassen, auf den Boden geben. Pumpernickel zerbröseln und dazugeben. Den Rest der Streusel darübergeben.
Bei 175°C etwa 60 Minuten backen.

Westfälische Brottorte

(historisches Rezept von Henriette Davidis)

16 Eier
1/2 kg fein durchgesiebter Zucker
1/2 kg frische geriebene Mandeln
70 g geriebene und durchgesiebte Schokolade
70 g kleingeschnittener Zitronat
8 g Zimt
4 g Nelken
4 g Kardamom
Saft einer frischen Zitrone
250 g bräunlich gerästetes, gestoßenes und fein durchgesiebtes Schwarzbrot
1 Tasse Arrak

Eidotter, Zucker, Mandeln und Gewürz werden 1/2 Stunde stark gerührt, dann wird das Schwarzbrot durchgemischt, sowie auch danach der feste Schaum von 12 Eiweiß, und zuletzt der Arrak eben durchgemischt. Dies Masse wird in einer stark mit Butter bestrichenen, mit ge-

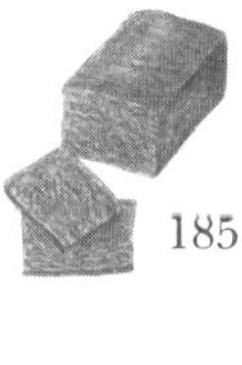

rästetem Brot bestreuten Form 1-1½ Stunde wie Mandeltorte gebacken. Man gebe allen Kuchen dieser Art, wenn sie gut gegangen sind, von unten etwas weniger Hitze.
Es wird ein beliebiger Zuckerguß mit Zitronensaft und Schokolade darüber gemacht.
Die Brottorte kann auch ohne Guß gebacken werden und statt dessen etwas mehr geriebene Schokolade dem Teig zugesetzt werden.

Westfälische Philadelphiatorte

20 Butterkekse
3 Scheiben Pumpernickel
125 g Butter
1 P. Götterspeise Zitrone
1 Tasse warmes Wasser
3 El Zucker
200 g Philadelphia-Frischkäse
3 El Wasser
2 P. Vanillezucker
2 Zitronen
2 P. Sahne
50 g Bitterschokolade (gerieben)
100 g Haselnüsse (gemahlen)
2 Scheiben Pumpernickel (gerieben)

Die Butterkekse und den Pumpernickel fein reiben. Mit der warmen Butter verkneten und zu einer teigartigen Masse verarbeiten. Diese in eine Backform geben, gleichmäßig verteilen und mit der Hand festdrücken.
Das Pulver der Götterspeise in dem warmen Wasser auflösen, den Zucker einrühren und ebenfalls auflösen. Abkühlen lassen.
Frischkäse mit Wasser, Vanillezucker und

Zitronensaft verrühren und zur Götterspeise geben. Sahne steif schlagen und unterrühren.
Auf den Boden in die Form geben. Kalt stellen.
Schokolade, Nüsse und den Pumpernickel vermischen und über die Frischkäsemasse streuen.

Oelder Waffeln mit Pumpernickelkrokant*

80g Butter
2 Eigelb
125g Mehl
1/4 l Sahne
100g Zucker
1 El Vanillezucker
1/2 Schale einer unbehandelten Zitrone
1 Messersp. Salz, 2 Eiweiß
Pumpernickelkrokant:
125g Zucker
5 El getrockneter gebröselter Pumpernickel
Apfelkompott

Waffeln: Die zimmerwarme Butter mit dem Eigelb schaumig schlagen und mit Mehl, Sahne, Zucker, Vanillezucker und Zitronenschale verrühren. Eiweiß mit dem Salz zu Schnee schlagen und vorsichtig unter den Teig mengen. Waffeleisen buttern und die Waffeln portionsweise backen.

Pumpernickelkrokant: Zucker im kleinen Topf schmelzen und hellbraun karamelisieren. Pumpernickelbrösel im Backofen bei 160°C ca. 10 Minuten trocknen, anschließend in den heißen Karamel rühren und auf ein eingefettetes Backpapier gießen. Erkalteten Krokant hacken.

Waffeln mit Puderzucker und Pumpernickelkrokant bestäuben. Dazu Apfelkompott reichen.

Rezeptregister

Selbstgemachter Pumpernickel

Buttermilch-Pumpernickel-Brot 18
Buttermilch-Pumpernickel mit Ahornsirup 20
Pumpernickel (selbstgemacht) 21

Vorspeisen mit Pumpernickel

Blätterteig-Pasteten mit Pumpernickel-Hähnchenbrust-Rieslingsahne 24
Spargelröllchen mit Pumpernickel-Mayonnaise 25
Honigmelone auf Pumpernickel 26
Herzhaft gefüllte Pumpernickeltomaten 27
Tomaten mit Mozzarella auf Pumpernickel 28
Gefüllte Tomaten mit Mozzarella-Pumpernickel 29
Lachstartar auf Pumpernickel 30
Obazter auf Pumpernickel 31
Pumpernickel-Tsatsiki 32

Suppen mit Pumpernickel

Bierkaltschale mit Pumpernickel 34
Ländliche Buttermilchsuppe mit Pumpernickel 35
Kartoffelsuppe mit Pumpernickel 36
Kartoffel-Kräutersuppe mit Pumpernickel 38
Rustikale Gemüsesuppe 40
Kohlrabisüppchen mit Pumpernickel 41
Käse-Porree-Suppe mit Schinken und Pumpernickel 42
Kartoffel-Kräutersuppe mit Pumpernickel 38
Rustikale Gemüsesuppe 40
Kohlrabisüppchen mit Pumpernickel 41
Käse-Porree-Suppe mit Schinken und Pumpernickel 42

Fleischspeisen mit Pumpernickel

Schweinerückenbraten mit Pumpernickel-Rosinen-Soße 44
Schweinebraten mit süßer Kruste 45
Gebratenene Schweinskarbonade mit Pumpernickelrinde auf Rotweinsoße 46
Schinkenbraten im Pumpernickelmantel 48
Überbackene Schnitzel mit Pumpernickelbiß 50
Gefülltes Schweinefilet mit Backpflaumen und Pumpernickel 51
Rinderschmorbraten mit Pumpernickel und Gemüse 52
Tafelspitz mit warmer Meerrettichsoße und Pumpernickel 54
Rinderschmorbraten in Pumpernickel-Rotwein-Soße 56
Zwiebeln mit Pumpernickel-Gehacktes-Füllung 57
Wirsing mit Gehacktes-Pumpernickelfüllung 58
Hackbraten mit Pumpernickel 60
Königsberger Klopse in Pumpernickel-Sahne 62
Pumpernickel-Frikadellen 64

Wild- und Geflügelgerichte mit Pumpernickel

Wildschweinrückenbraten mit Rotwein-Pumpernickel-Soße 66
Wildente mit Apfel-Pflaumen-Pumpernickel-Füllung 68
Kaninchenrücken mit Pumpernickelfüllung, Stielmus und Rosmarinkartoffeln * 70
Hähnchen mit Apfel-Pumpernickel-Füllung 73

Fischgerichte mit Pumpernickel

Rotbarschfilets mit Pumpernickel-Kräuter-Kruste 76
Lachsfilets mit Pumpernickelhaube 77
Heringsstipp an Pumpernickel 78

Beilagen mit Pumpernickel

Kartoffelpüree mit Crème fraîche und Pumpernickel-Petersilie 82
Pellkartoffeln mit Pumpernickel-Crème fraîche 83
Kartoffel-Pumpernickel-Rösti 84
Pumpernickel-Semmelknödel 85
Schwarzwurzeltopf 86
Kohlrabi mit Pumpernickel-Creme 87
Überbackene gefüllte Kohlrabi 88
Wirsing mit Pumpernickel-Rahm 90
Wirsinggemüse mit Pumpernickel-Speck 91
Spätzle mit Waldchampignon-Pumpernickel-Soße 92
Spargel mit Pumpernickel-Hollandaise 93
Überbackener Porree mit Pumpernickel-Käse-Kruste 94

Salate mit Pumpernickel

Feldsalat mit Krabben und Pumpernickelbrösel 98
Eichblattsalat mit Pumpernickel und Bresso-Tomate 99

Krautsalat mit Pumpernickelbröseln 100
Mais-Gurkensalat mit Pumpernickel 101
Radieschensalat mit Pumpernickel 102
Bunter Apfel-Pumpernickel-Salat mit Crème fraîche 103
Waldorf-Salat auf Pumpernickel 104
Krabbensalat auf Pumpernickel 106
Wurst-Apfel-Pumpernickelsalat 108

Eier- und Mehlspeisen mit Pumpernickel

Feine Kartoffelpuffer
mit Pumpernickel-Kräuter-Quark 110
Pumpernickelreibekuchen mit Graved Lachs 111
Kartoffel-Pumpernickel-Plätzchen 112
Buchweizenpfannkuchen 113
Apfelpfannkuchen
mit Pumpernickel-Rübenkraut-Soße 114
Rührei mit Krabben auf Pumpernickel 116

Nachspeisen mit Pumpernickel

Dickmilch mit Pumpernickel 118
Milchreis mit Pumpernickel 119
Bratapfel mit Pumpernickelfüllung 120
Pumpernickel-Schokoladen-Speise 121
Pumpernickel-Frischkäsemousse auf
Rhabarberkompott * 122
Schwarzbrot-Pudding mit Mandeln 124
Pumpernickel mit Joghurt-Quark 125
Pumpernickel-Sahne-Dessert 126
Pumpernickel-Bananen-Dessert 127
Vanille-Pumpernickel-Pudding 128
Pumpernickel-Speise mit frischen Früchten 130
Pumpernickelquark mit Kirschen 131
Westfalencreme mit frischen Erdbeeren 132
Exotische Fruchtcreme 133
Fruchtsalat 134
Winterobstsalat mit Äpfeln 135
Pumpernickelcrème mit Pflaumenkompott * 136
Erdbeeren mit Pumpernickelsahne 138
Rote Grütze mit Pumpernickelsahne 139
Herbstlicher Früchte-Cocktail 140
Warmes Pumpernickeldessert mit Kirschen 141
Pumpernickel-Kirsch-Desert 142
Pumpernickel-Stracciatella-Eistorte 143

Kleine Imbisse mit Pumpernickel

„Mönch mit Nonne" 146
Pumpernickel-Käse-Häppchen 147
Herzhafte Pumpernickel-Kräuter-Torte 148
Münsterländisches Bauern-Schinken-Brot 150

Kuchen, Torten und Gebäck mit Pumpernickel

Pumpernickel-Torte 152
Kartoffel-Pumpernickel-Torte 154
Nuss-Pumpernickel-Kuchen 156
Ferrero-Rocher-Torte mit Pumpernickel 158
Eierlikörtorte mit Pumpernickelbiss 160
Klassische Philadelphiatorte
mit Pumpernickel-Schokoladen-Deckel 162
Erdbeertorte mit Pumpernickel 164
Pumpernickeltorte mit Schwarzwälder Kirschen 166
Pumpernickel-Rotwein-Kuchen 168
Einfacher Pumpernickel-Gewürzkuchen 169
Weihnachtlicher Glühweinkuchen mit Pumpernickel .. 170
Gewürzkuchen mit Pumpernickel 172

Westfälische Spezialitäten mit Pumpernickel

Honigmelone mit westfälischem
Knochenschinken auf Pumpernickel 174
Münsterländische Reibeplätzchen 175
Westfälischer Sauerbraten
mit Rosinen-Pumpernickel-Soße 176
Porree-Pumpernickel-Salat 178
Drensteinfurter Stippmilch mit Zimt 179
Sauerrahm mit geriebenem Pumpernickel 180
Münsterländische Quarkspeise 181
Westfälische Herrencreme 182
Westfälisches Pumpernickel-Kirsch-Dessert 183
Westfälischer Kirsch-Streusel-Kuchen 184
Westfälische Brottorte 185
Westfälische Philadelphiatorte 187
Oelder Waffeln mit Pumpernickel-Krokant * 189

* Diese Rezepte hat uns freundlicherweise die Firma Mestemacher zur Verfügung gestellt.

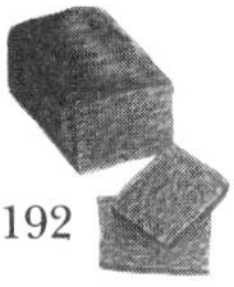